企业绩效反馈与研发搜索

——来自制造业上市公司的研究

张庆垒 著

河海大学出版社
HOHAI UNIVERSITY PRESS
·南京·

图书在版编目(CIP)数据

企业绩效反馈与研发搜索 ：来自制造业上市公司的研究 / 张庆垒著. -- 南京 ：河海大学出版社，2021.2
ISBN 978-7-5630-6879-1

Ⅰ. ①企… Ⅱ. ①张… Ⅲ. ①制造工业－企业绩效－企业管理 Ⅳ. ①F407.406

中国版本图书馆 CIP 数据核字(2021)第 032808 号

书　　名 企业绩效反馈与研发搜索——来自制造业上市公司的研究
QIYE JIXIAO FANKUI YU YANFA SOUSUO ——LAIZI ZHIZAOYE SHANGSHI GONGSI DE YANJIU
书　　号 ISBN 978-7-5630-6879-1
责任编辑 张心怡
特约编辑 金　怡
责任校对 周　贤
封面设计 徐娟娟
出版发行 河海大学出版社
网　　址 http://www.hhup.com
地　　址 南京市西康路 1 号(邮编:210098)
电　　话 (025)83737852(总编室)　(025)83786934(编辑部)　(025)83722833(营销部)
经　　销 江苏省新华发行集团有限公司
排　　版 南京布克文化发展有限公司
印　　刷 广东虎彩云印刷有限公司
开　　本 700 毫米×1000 毫米　1/16
印　　张 9.75
字　　数 182 千字
版　　次 2021 年 2 月第 1 版
印　　次 2021 年 2 月第 1 次印刷
定　　价 46.00 元

本著作获得以下科研基金的资助

国家社科基金重大项目(编号:11&ZD004)"'十二五'时期我国发展的创新驱动战略研究"

国家社科基金重点项目(编号:10AGL009)"'十二五'时期中国服务外包企业创新能力测评实证分析"

2020年江苏省高校哲学社会科学研究一般项目(编号:2020SJA0272)"混合所有制改革背景下民企股东治理对民营企业创新影响研究"

前言

近年来随着我国经济增速的放缓、经济结构的调整以及产业转型升级步伐的加快，国家层面和众多企业都纷纷转到增强创新能力，尤其是自主创新能力的发展轨道上来。增强企业创新能力的关键之一就是企业不断增加其研发投入。企业做出研发决策的重要前提是企业要对自身能力和资源水平有一个合适的评估，同时也要关注所在行业中竞争对手的能力和相对资源水平。这样的评估关键在于企业是否认为其绩效达到了满意的水平，即预期水平。公司行为理论指出，企业会基于绩效与其组织预期水平的差距，来做出战略行为，例如研发。

绩效反馈及其对决策结果的影响研究一直都是公司行为理论研究的热点问题。这类主题的研究致力于探索企业基于预期水平的绩效反馈是如何影响战略行为的。其基本理论假设是：企业的绩效反馈会影响企业的决策行为，当绩效低于企业的预期水平时，会激发企业进行问题搜索，企业会做出风险性行为；但是当企业绩效高于预期水平时企业会减少风险性行为。

然而这样的经典理论假设目前正在接受着理论上和实证结论上的挑战，学者的研究已经呈现出不一致的论证和结论。持续的理论争议以及实证研究的不同结果，导致了该领域文献研究的严重分裂，阻碍了研究的进一步发展。同时现有绩效反馈与研发搜索关系研究仍然局限在西方发达国家背景下进行探索，缺乏对新兴经济情境下，尤其是中国转型经济情境下二者关系的探索。

此外，现有绩效反馈与研发搜索关系的研究，尽管已经有学者从组织形式、CEO 和外部董事股票期权以及交易型和关系型所有制结构等角度探索其对二者关系的调节作用，但是目前的研究仍然缺乏对更多的能够影响二者关系的情境变量的考察，特别是有关中国转型经济背景的情境变量的探索。

本书的研究基于公司行为理论、代理理论及动态竞争理论等，探索绩效反馈对研发搜索的影响，并且从代理理论角度、企业外部环境角度及国有企业所有制角度，选取了能够影响二者关系的调节变量——CEO 二元性、CEO 股权、环境动态性、CSM 及国有企业属性。由于制造业的研发投入在目前中国各行业总量中占比最大，投入强度也最高，且现有研究样本也多为制造业企业，为了形成对比，本研究采用中国制造业上市公司 2006—2012 年的面板数据进行固定效应回归分析。通过回归分析，本研究得出了以下结论。

第一，基于中国制造业企业样本的研究发现，企业绩效反馈会促使企业进行两种不同作用机制的研发搜索——问题驱动的研发搜索和冗余驱动的研发搜索。本研究发现，当企业绩效低于预期水平，即负绩效反馈时，企业会进行问题驱动的研发搜索；当企业绩效高于预期水平，即正绩效反馈时，企业会进行冗余驱动的研发搜索。

第二，本研究同样从代理理论角度、企业外部环境角度及国有企业所有制角度验证了调节变量对绩效反馈与研发搜索关系的影响。通过回归分析，我们发现，CEO 二元性、CEO 股权会正向调节绩效反馈与研发搜索的负向关系，环境动态性、CSM 也对绩效反馈与研发搜索的负向关系产生正向调节作用。此外，相比于非国有企业，国有企业在负绩效反馈情形下进行研发搜索的可能性要低。我们同样发现了环境动态性、CSM 及国有企业属性对正绩效反馈与研发搜索关系的调节作用，其中环境动态性负向调节正绩效反馈与研发搜索的正向关系，CSM 也对正绩效反馈与研发搜索的正向关系产生负向调节作用。此外，相比于非国有企业，国有企业在正绩效反馈情形下进行研发搜索的可能性要低。回归分析结果发现 CEO 二元性、CEO 股权对绩效反馈与研发搜索关系的调节作用不显著，我们也进行了相应的解释。

本研究可能存在的创新点如下。

第一，我们针对现有文献进行有关绩效反馈与研发搜索关系的研究文献回顾与梳理，发现在现有文献中不管在理论解释和实证结论上都存在二者关系不一致的现象。我们的研究明确指出在绩效相对于预期水平不同的情形下，企业会进行两种不同导向的研发搜索行为——问题驱动的研发搜索和冗余驱动的研发搜索，并且实证结果也支持了这样的观点。研究为长期混乱的绩效反馈及其结果变量关系研究作用机制，提供了理论上和实证研究上的参考。另外，我们的研究以中国企业为样本，极大地拓展了绩效反馈研究主题的普适性范围。

第二，本研究的创新点还在于对绩效反馈与研发搜索关系调节变量的探索。现有研究强烈呼吁对绩效反馈与研发搜索关系的调节变量进行进一步研究，我们的研究从代理理论角度、外部环境角度及国有企业属性角度出发，选取了重要的影响绩效反馈与研发搜索关系的情境变量。本研究极大地丰富了现有绩效反馈主题对情境变量的考察。

第三，本研究对情境变量的考察既整合了公司行为理论和代理理论，又整合了公司行为理论和动态竞争理论，不仅弥补了公司行为理论研究上的一些空白，也为代理理论和动态竞争理论的跨领域广泛应用提供了实证研究上的支持。

最后，本研究也指出了相应的管理启示及研究可能存在的不足，并且对未来可能存在的研究方向做了进一步的展望。

目录

第一章 绪论

1.1 研究背景

故知胜有五：知可以战与不可以战者胜；识众寡之用者胜；上下同欲者胜；以虞待不虞者胜；将能而君不御者胜。此五者，知胜之道也。

故曰：知彼知己，百战不殆；不知彼而知己，一胜一负；不知彼，不知己，每战必殆。

——孙子 《孙子兵法·谋攻篇》

成语"知己知彼，百战不殆"出自春秋末年齐人孙武的《孙子兵法·谋攻篇》，孙武在论述其著名军事理论哲学观点时，运用了上面这样一段话，意思是：能够左右战争胜利的有五点，一是能够精准判断出战争能不能打，二是能够准确分析敌我双方兵力，三是全国全军上下一心，四是以充分的准备应对毫无准备者，五是主将有能力而君主又不加干预。所以说，作战时既能知晓对方又了解自己实力，每一场战斗都不会失败；不知道对方情况只知道自己的，胜负各一半；不知道对方情况也不了解自己实力，每场仗都有失败的危险。这样简短精悍的军事理论哲学论断不仅在军事领域闪烁着璀璨的光芒，而且在政治斗争、商业竞争等领域都有深远的影响力。

这段满富哲理的军事论断，对现代管理学及管理实践有着重要的启示：企业的战略行为，如市场竞争、研发及创新等，必须要充分了解自己又要知晓竞争对手的情况，不仅要考虑自身经验、资源及能力，也要注重竞争对手所拥有的经验、资源及能力。那么企业该如何评价自身及对手的经验、资源和能力呢？一个重要的手段就是从自己的绩效和竞争对手的绩效中反馈学习(Cyert et al.，1963)，进而做出战略决策行为，例如研发。

企业管理实践中，创新战略的实施对于企业获取竞争优势，实现长远发展的战略目标是十分关键的。在创新战略中，企业研发搜索又是企业在创新方面的重要体现。Greve & Taylor(2000)对组织搜索的定义是企业搜集并且探索有关组织的可替代过程和产品的信息，这些搜集并且探索信息的发现过程会促使组织惯例或者路径发生变化。因此搜索对组织演化和适应性来说具有重要作用(Chen et al.，2007)。研发就是一种很重要的搜索行为，企业可以通过研发搜索，来寻找能够改变组织惯例或路径的可替代过程和产品的有关信息。

近年来，研发受到了我国国家层面和中国企业的高度重视。作为新兴经济的典型代表，科技创新已经是中国国家发展战略的重要部分，“十一五”规划中明确强调产业技术进步[①]；“十二五”规划中也明确指出要“增强科技创新能力，使企业真正成为研究开发投入、技术创新活动、创新成果应用的主体”[②]。“十三五”时期更是提出加速迈进创新型国家行列，加快建设世界科技强国。中国对以研发为代表的创新的重视程度正在逐步上升。对于中国企业来说，其在具有中国特色的转型社会主义市场经济大环境下，对于研发投入的重视程度也在不断提升。另外，据国家统计局、科学技术部和财政部联合发布的《2019 年全国科技经费投入统计公报》显示，2019 年，全国共投入研究与试验发展(R&D)经费 22 143.6 亿元，比上年增加 2 465.7 亿元，增长 12.5%。数据显示我国科技经费持续增长，研发强度进一步增加，其中制造业是科技经费投入最多的行业，投入 13 538.5 亿元，研发强度为 1.45%，也是所有行业之最。

企业在自身投入研发和与竞争对手的研发竞争方面，更为突出地体现了“知己知彼”的重要性。以三星电子为例，2013 财年三星电子业绩下滑，针对这样的业绩

① http://www.gov.cn/zhengce/content/2008-03/28/content_5259.htm

② http://www.gov.cn/2011lh/content_1825838.htm

困境，2014 年三星电子增加了研发投入的力度，整个 2014 年投入 134 亿美元进行研发，是主要竞争对手苹果的 3 倍，成为研发投入最多的科技企业①。面对近年来绩效继续下滑的态势，三星电子进一步加大了研发投入和创新产品的力度②。当前，我国绝大多数企业，尤其是制造业，正在经历着从传统加工代工，到技术模仿创新，再到增强自主创新的产业转型过程。早在几年前，联想集团董事会主席杨元庆就表示联想的年研发投入经费为 25 亿元人民币③。华为作为中国研发的代表性企业，近年来也是在其绩效好转情况下，加大对研发的投入，其绩效目标和研发投入都直指三星、苹果等竞争对手。

从以上数据及资料可以看出，企业进行研发这样的战略行为，是根据自身的发展状况和行业竞争对手的发展状况来决定的。Cyert & March(1963)、Devine (1964)指出企业从事研发的重要前提就是企业会如何评估自己和竞争对手的现状，突出表现就是比较自己的绩效和竞争对手的绩效。

1.2 问题提出

通过对研究背景的阐述，本研究关注中国企业是如何基于自身过去的绩效和竞争对手的绩效，做出研发搜索的战略行为的，并且探索有哪些因素能够影响这样的关系。具体地，我们将从四个方面来阐述研究问题。

从理论文献上来看，创新一直都是管理学研究的重点内容，研发搜索又是企业在创新方面的重要体现。企业可以通过研发来搜寻能够改变组织惯例或路径的可替代过程和产品的有关信息，这样的搜寻过程对于企业来说是一种冒险行为(Lim et al.,2013a)。近年来，很多学者都在关注是什么原因促使企业进行研发搜索，如资源基础理论学者、社会网络理论学者等等。而在众多探索企业研发搜索行为的研究中，从公司行为理论出发，探索绩效反馈对研发搜索的影响是具有重要价值的(Cyert et al.,1963;March et al.,1987,1992)。

---

① http://news.xinhuanet.com/info/2014-12/08/c_133838741.htm
② http://science.cankaoxiaoxi.com/2015/0304/688520.shtml
③ http://www.gmw.cn/01gmrb/2006-06/22/content_437664.htm

绩效反馈对研发搜索的影响研究一直都是公司行为理论研究的热点问题。其基本理论假设是:企业的绩效反馈会影响企业的决策行为,当绩效低于企业的预期水平时,会激发企业进行问题驱动的搜索,企业会进行风险性行为;但是当企业绩效高于预期水平时企业会减少风险性行为。组织预期就是指组织具体活动所产生的绩效水平,而这样的绩效水平通常是“能够被决策者认为是满意程度最低的结果”(Schneider,1992)。

然而这样的经典理论假设仍然需要学者在理论研究和实证研究方面进行进一步检验,并且研究公司行为理论的学者有了不同的声音(Greve,2003a;Chen et al.,2007;Chen,2008;O'Brien et al.,2014)。一部分学者的研究依然坚持着绩效反馈与其结果变量关系的经典理论假设,即绩效低于预期水平会促使企业进行问题搜索,从事有风险性的战略行为,而绩效高于预期水平,企业不会或者较少做出改变。另一部分学者的研究认同绩效低于预期水平时企业会进行问题搜索,从事风险性战略行为,在负绩效反馈与企业风险行为方面的研究较为一致。但是对于绩效高于预期水平企业是否会做出改变或者承担风险,则有不同的论断。Greve(2003a)在其构建的绩效评估与决策制定理论模型中,虽然没有明确指出当绩效高于预期水平时,企业会从事研发这样的风险行为,但是其研究指出冗余搜索会导致企业增加研发投入。Baum 等(2005)在研究绩效反馈对企业是否会选择非本地化的合作伙伴问题时,明确提出了企业在绩效低于预期水平时,会进行问题驱动的搜索,选择非本地化的合作伙伴;但是当企业在绩效高于预期水平时,企业会进行冗余驱动的搜索,也会选择非本地化的合作伙伴。然而这样的论据却并没有被学者进一步拓展到绩效反馈与研发搜索关系的研究当中。尽管 Chen & Miller(2007)在其有关企业研发搜索的情境和制度决定因素的研究中,做了有关绩效高于预期水平会导致企业增加研发的假设,但是其研究结论并没有完全支持这样的假设。O'Brien & David(2014)的研究采用日本制造业企业为研究样本,认为公司行为理论视角研究研发搜索的假设需要修改,因为日本企业推崇互利互惠和关系嵌入的文化,互利互惠和关系嵌入会影响日本企业的搜索决策。当绩效超过预期水平时,互利互惠和关系嵌入导向的日本企业更倾向于利用它们的优越地位帮助那些与其有关系的较为不景气的利益相关者,通过增加研发搜索来为利益相关者获取更多的收益。Lucas, Knoben & Meeus(2018)聚焦于历史期望绩效与社会期望绩效反馈的不一致性对研发投入变化方向的影响,研究发现一致负绩效反馈信号会扩大研发投入,而行业比较的低绩效与自身比较的高绩效之间的不一致会减少研发投入,但是行业比较的高绩效与自身比较的低绩效之间的不一致性却没有发现对研发投入产生影响。吕迪伟、蓝海林和陈伟宏(2018)则关注长期绩效与短期绩效落差结果之间的不一致性对研发强度的影响。Xu,Zhou & Du(2019)指出中国企业低绩效会进行异常性风险行为,如行贿;而高绩效企业会进行基于长期导向的研发行为。

总的来说,有关绩效反馈与研发搜索关系的研究中,存在不一致的论据和结论。持续的理论争议以及实证研究的不同结果,严重导致了该领域文献研究的分裂,阻碍了研究的进一步发展。因此,进一步探索企业绩效反馈对研发搜索的影响机制,对于解决理论争议和实证研究的分歧是十分重要的。

根据现有文献的研究,我们认为企业在绩效反馈情形下,会出于两种不同的作用机制来进行研发搜索——问题驱动的搜索和冗余驱动的搜索。问题驱动的搜索是企业以解决经营活动中面临的问题为导向,搜索能够解决问题的可能的替代方案和产品的相关信息。而冗余驱动的搜索是企业基于拥有的冗余资源来搜寻可替代过程和产品的有关信息,冗余驱动的搜索通常是组织适应性的催化剂(Cyert et al.,1963)。这两种不同作用机制起作用的关键在于决策者在正绩效反馈情形下和负绩效反馈情形下在认知逻辑上会如何判断。我们认为在负绩效反馈情形下,企业决策者在管理认知的逻辑上,不会通过拥有冗余资源的多少来进行研发搜索,因为企业在负绩效反馈情形下表现为相对缺乏资源,而此时决策者更可能关注企业存在的问题,在负面情形下更倾向于解决问题为导向的问题驱动搜索。而冗余驱动的搜索通常是企业决策者在正面框架下的归因,绩效超越预期水平为组织带来了冗余资源的积累(Chen et al.,2007),企业在正绩效反馈情形下更具有资源的丰富性,此时不存在解决绩效下滑的问题,因此企业会减少问题驱动的搜索,决策者会运用冗余资源来进行研发搜索,冗余驱动的搜索机制发挥作用。

另外,纵观现有有关绩效反馈与其结果变量(特别是研发搜索)关系的研究,尽管有学者采用意大利企业为研究样本(Antonelli,1989)、美国企业为研究样本

(Chen et al.,2007;Lim et al.,2013a;Lim et al.,2013b)、日本企业为研究样本(Greve,2003a;O'Brien et al.,2014)、印度企业为研究样本(Vissa et al.,2010),但是目前的研究仍然缺乏对转型经济情境下的中国企业,其绩效反馈是如何影响研发搜索的探索。近年来的研究也在鼓励公司行为理论所提出的普适性模型,要考虑不同文化和制度下的应用(Greve,2003a;Shinkle,2012;O'Brien et al.,2014)。基于以上所述,提出本书的研究问题1。

问题1:在中国新兴经济背景下,绩效反馈是如何影响研发搜索的?

除了探索中国企业绩效反馈与研发搜索关系,有关绩效反馈对其结果变量研究的一个重要方面是探索那些可能影响二者关系的调节变量(Shinkle,2012)。作为企业重要的战略行为之一,企业的搜索行为往往是由企业的决策者们发起的,而企业的决策者又是由拥有不同风险偏好的权利联盟所构成的(Cyert et al.,1963)。在Cyert & March(1963)的描述中,企业的搜索行为体现了企业内部不同利益行为人之间的讨价还价。因此企业中的谁或者哪个利益相一致的行为人(或者权利联盟)掌握了企业的决策权,就会影响企业对绩效反馈所作出的反应。我们选取调节变量的一个重要出发点就是考虑企业中拥有不同利益的行为人(或者权利联盟)。

代理理论的应用和发展为我们的研究提供了很好的视角。代理理论的核心强调委托人和代理人的风险态度(Barney et al.,1996)。现有代理理论的委托代理关系存在于三个层面:股东与经理人、大股东与小股东、高层经理人与下级经理人,而在这企业内部三个层面的委托代理关系中,股东和经理人之间的委托代理关系是代理理论的基石,也是被研究得最为广泛的。事实上,不管是股东与经理人、大股东与小股东还是高层经理人与下级经理人之间,所存在的委托代理关系,都可以认为是企业内部拥有不同利益的行为人(或者权利联盟),其在企业内部所拥有的讨价还价能力的强弱直接影响着企业如何评估其绩效,并且影响着企业对绩效反馈所作出的反应。因此,我们对调节变量的考虑之一就是从股东和经理人之间的委托代理关系入手。

在企业战略决策过程中,作为企业主要的代理人,CEO对决策过程的参与程度高,影响巨大,企业重要的战略决策往往是由CEO发起和实施的(Deutsch et al.,2011)。因此CEO的一些特征,如所拥有的权利和其自身所具有的动机就成为影响企业对绩效反馈会做出怎样的反应的关键因素。换句话说,具体到本书的研究,就是CEO的权利和动机会影响企业绩效反馈与研发搜索之间的关系。而能够代表CEO权利和动机的重要变量就是CEO二元性和CEO股权(Lim et al.,2013a)。因此,我们提出本书的研究问题2。

问题2:作为企业重要的代理人,CEO的二元性和CEO股权会如何影响绩效反馈与研发搜索之间的关系?

除了从企业内部不同利益行为人(或者权利联盟)角度考虑,我们还着眼于探索中国转型经济下,企业所面对的外部经营环境是如何影响绩效反馈与研发搜索之间的关系的。中国转型经济突出表现为不完全的市场环境(Sundaram et al.,1996;Huyghebaert et al.,2004)以及不健全的法律制度环境(余明桂等,2009;魏下海等,2013)。

一方面,中国转型经济背景下的企业处在动荡的环境中。顾乃华、毕斗斗和任旺兵(2006)指出中国企业,尤其是制造业企业正在经历着转型的阵痛期。张映红(2008)指出在转型经济背景下,企业外部经营环境的显著特征是环境变化快,并且不稳定和不确定性高。吴晓波、张超群和窦伟(2011)在研究中国转型时期技术创新与经济周期关系时指出,中国整个国家的创新系统仍然是不完善的,依然是中央政府主导。Cooper et al.(2009)的研究也指出新兴国家经济体的转型过程,正在逐步解除对私有经济的种种限制,并且企业家的大量涌现也促进了创新。总的来说,我国转型经济下企业创新面临的外部环境特征之一就是环境的动态性。

尽管在现有绩效反馈与其结果变量关系的研究中已经有学者探索了环境动态性的调节作用(Levinthal et al.,1981;Deephouse et al.,2000;Wiklund et al.,2003a,2003b;Ben-Oz et al.,2012),但是有关企业绩效反馈与研发搜索关系的研究,目前尚缺乏从新兴经济条件下企业所面临的动荡环境角度来考虑调节变量的研究。Shinkle(2012)也提出了在高度动态的环境中,企业过去的绩效和同行的绩效很难被解读时,企业应该如何反应的疑问。因此我们研究环境动态性对绩效反馈与研发搜索关系的调节作用。

另一方面,中国转型经济法律制度环境不健全,对于知识产权等的保护相对于西方发达国家来说较弱，企业在技术创新方面的成果面临着被模仿的风险和不确定性(Cull et al.，2005)。长期以来，我国经济发展以及科技创新走的都是跟风研发和模仿创新的技术路径(温珂等，2003)。虽然我国工业企业，尤其是制造业企业目前正在完成着从加工代工到技术模仿，再到自主创新的产业转变和跨越发展①，但是要实现这样的产业转变和跨越发展仍然需要较长的一段时期。很多先进技术及商业模式的开展，都来自于模仿创新和跟风研发的实践。而且不少企业家也高调宣称对模仿创新的青睐，例如腾讯公司的马化腾就持"模仿是最稳妥的创新"的观点。腾讯公司最早的产品 QQ 聊天工具就来自于对国外 ICQ 聊天工具的模仿。不仅如此，当国外 Twitter 开始出现并且流行时，国内企业新浪、网易及腾讯都相继投入到微博的研发和推广中。在中国服装行业，一直都流行着中国服装看日韩，日韩服装看欧美的行业规则。手机制造行业更盛行跟风研发和模仿创新，从最早的模仿诺基亚和摩托罗拉时代，到 2007 年乔布斯介绍首款 iPhone 手机，进而全球人类逐步走入智能手机时代，甚至到今天的大屏多功能 4G 手机时代，缺乏足够创新能力的中国手机企业只能靠不断地模仿创新和跟风研发来维持生存和发展，并且中国手机企业之间的研发竞争和模仿创新也十分盛行，大量山寨机的出现就是最好的例证。最近的例子就是欧盟和韩国三星电子大力研发 5G 网络技术，华为、中兴等通信巨头迅速展开了对 5G 网络技术的追逐。中国大量的行业跟风研发和模仿创新现状，对于企业的决策者做战略决策是有着深远的影响的。

目前有关绩效反馈与研发搜索关系情境变量的研究尚缺乏从企业甚至是行业竞争互动角度进行的考虑。我们认为行业所有企业的竞争行为以及对竞争对手的反应构成了整个行业竞争互动的风气，例如跟风研发和模仿创新。动态竞争理论正是致力于研究企业的竞争行为以及与竞争对手的竞争互动，动态竞争理论也十分关注企业及竞争对手在研发方面的竞争互动(张庆垒等，2014a，2014b)。但是长期以来，尽管公司行为理论和动态竞争理论都关注企业的研发搜索，但是二者却较少有过对话。Shinkle(2012)呼吁研究者关注不同的竞争情境如何影响组织预期水平及其强度，关注竞争和动态竞争对组织预期及基于组织预期的绩效反馈等的

① http://www.chinairn.com/print/3891741.html

影响。Chen & Miller(2012)呼吁将动态竞争理论和代理理论相联系,而代理理论则涉及公司内部多种不同利益的行为人的行为动机,其中绩效是否达到或者超越组织预期水平是影响行为人或者决策者做出竞争行为的重要影响因素。我们认为行业跟风研发和模仿创新的状况会影响绩效反馈与研发搜索的关系。

综上所述,我们提出本书的研究问题 3。

问题 3:环境动态性、企业所在行业跟风研发和模仿创新的竞争互动会如何影响绩效反馈与研发搜索关系?

此外,我们的研究还考虑中国企业所有制可能会给绩效反馈与研发搜索关系带来的影响。特别地,我们主要考虑国有企业与非有国有企业相比,其在绩效反馈情形下会做出怎样的研发搜索决策。中国转型经济情境下存在着一类特殊的企业——国有企业,它们在制度上享有优势,在获取国家资源上也有一定的优势。国有企业的战略决策也是战略管理研究的重点内容之一。但是长久以来,战略管理的主流研究思想都是起源并且扎根于西方发达国家,较少关注发展中国家,尤其是新兴经济体的企业所有制问题(Peng et al.,2004)。Peng,Tan & Tong(2004)指出国有企业、私营企业、集体企业及外资企业面临着不同的环境约束,国有企业管理者必须持续与政府打交道,私营企业得确保其在市场上能够生存,集体企业和外资企业面临政府监管和市场竞争。国有企业的管理者沉淀大量冗余资源(Child,1996;Tan et al.,2003;蒋春燕等,2004),因为旧有体制的束缚,国企的管理者较少关注市场竞争,并且国有企业将政府看作是他们主要的资金来源、分销商、供应商。Arens et al. (2001)、Tan(2001)以及 Peng et al. (2004)都认为国有企业的管理者是传统、保守的。事实上,我们认为,国有企业的所有权属于国家及各级主管政府部门,国有企业的管理者或者 CEO 等,从委托代理关系来看,其实是国家或者主管政府部门的代理人。并且 Tan(2001)在比较研究中国国有企业的管理者和私营企业的创业者时,认为国企管理者在做风险决策时,相比于创业者,较少具有创新性,也不愿意承担风险。因此,我们结合现有文献中有关中国企业所有制问题的论述,并且回顾总结了绩效反馈与其结果变量关系中有关调节变量的研究,发现还没有学者从所有制角度,特别是从国有企业角度,来考虑国企属性对绩效反馈与其结果变量关系的影响。因此,我们提出本书的研究问题 4。

问题 4:与非国有企业相比,国有企业在绩效反馈的情形下,会如何进行研发搜索?

1.3 研究内容及研究意义

1.3.1 研究内容

本研究基于战略决策理论、公司行为理论、代理理论及动态竞争理论等,研究在中国转型经济情境下,企业绩效反馈与研发搜索关系,并且在中国情境下,从代理理论角度、企业外部环境角度及企业所有制角度研究可能影响绩效反馈与研发搜索关系的调节变量。我们基于对现有文献的研究以及本书所提出的研究问题,构建了本书的研究模型。并且从 WIND、CSMAR、CCER 等数据库中选取了中国制造业上市公司 2006—2012 年的数据为样本,获取企业研发投入、ROA、CEO 二元性及股权、行业类别、企业规模等有关变量的数据,采用面板数据的固定效应回归分析来进行实证研究。本书的研究内容可以用如图 1-1 所示的研究框架来表示。

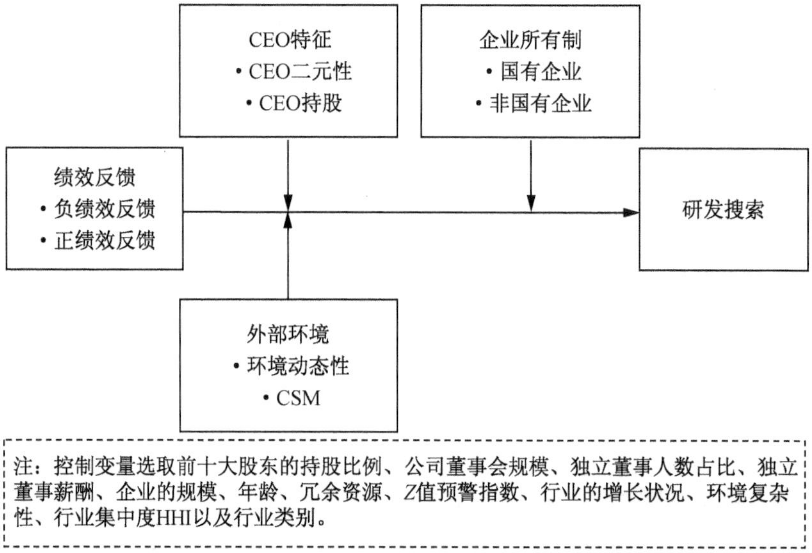

图 1-1 研究框架

1.3.2　理论意义

本研究基于中国制造业上市公司2006—2012年的面板数据，研究企业绩效反馈对研发搜索的影响，并且探索中国情境下能够影响绩效反馈与研发搜索关系的调节变量。本研究具有一定的理论意义。

第一，我们针对公司行为理论研究中的重要领域——绩效反馈与其结果变量研究这一主题，探索绩效反馈与研发搜索关系这一热点问题。通过文献回顾与梳理我们发现，现有有关绩效反馈与研发搜索关系的研究在理论解释和实证研究结论方面都存在不一致，特别是对于绩效高于企业预期水平，即正绩效反馈对研发搜索的影响存在理论解释和实证分析上的不一致。并且现有研究仍然主要以西方发达国家为研究背景，这一主题的研究较少以中国转型经济为背景，而对于中国企业来说，绩效反馈对研发搜索产生影响这一现象也是大量存在的，企业决策者在做出战略行为，尤其是研发搜索时，不可避免地要进行“知己知彼”的比较，在对企业绩效等现状做出评估之后才会实施相应的战略行为。因此，我们研究中国企业是如何对绩效反馈作出反应的。研究对公司行为理论有所贡献，一方面对现有绩效反馈与研发搜索关系的解释机制做了进一步阐释；另一方面在实证分析结论上也支持了本书所提出的假设，拓展了绩效反馈研究主题的适用范围。

第二，本研究对于代理理论在公司行为理论的应用，尤其是在企业对绩效反馈的战略行为反应研究上的应用有所贡献。以往研究大都考虑西方国家背景下的企业决策者对绩效反馈的反应以及对组织搜索的决策，较少考虑中国企业的决策者对绩效反馈及有关战略行为的反应。本研究从CEO所拥有的权利和动机角度考虑作为企业重要代理人，也是重要决策者的CEO，其特征是如何在绩效反馈情形下影响企业研发搜索行为的。

第三，本研究考虑了中国企业所在行业的环境动态性、跟风研发和模仿创新的行业竞争互动对绩效反馈与研发搜索关系的影响，丰富了现有绩效反馈主题有关调节变量的研究。此外行业竞争互动的研究也对动态竞争理论有贡献，拓展了其在其他理论领域的应用。

第四，本研究还特别考虑了中国国有企业的绩效反馈与研发搜索关系，对于公司行为理论和绩效反馈研究的跨文化跨制度应用也有一定的贡献。

1.3.3 现实意义

本研究同样具有现实意义。

第一，研究绩效反馈与研发搜索的关系，对于指导中国企业研发创新具有重要意义。研究指出基于历史预期的绩效反馈和基于社会预期的绩效反馈都会促使企业做出研发搜索。企业进行战略行为时，尤其是风险性行为时，重要的参考标准就是企业的绩效是否已经达到了企业的预期水平。如果绩效低于预期水平，企业可以进行以问题搜索为驱动的研发行为，寻找能够解决企业绩效下滑的可替代方案和相关产品等，进而努力提升其绩效；如果绩效高于预期水平，企业也可以利用绩效带来的冗余资源或者能够带来的冗余资源，来进行研发创新，对于企业提升创新能力有所帮助。

第二，我们的研究指出，CEO 二元性和 CEO 股权能够影响企业绩效反馈与研发搜索之间的关系，研究结论对于如何使得 CEO 对绩效做出符合股东利益的判断，并且做出合乎股东利益的研发搜索提供了可供参考的意见。正如本书开篇所引用的《孙子兵法・谋攻篇》所阐述的，全国全军上下一心，主将与君主（CEO 与股东）一心，才能做出合理的战略决策。

第三，我们的研究同样指出企业外部环境的动态性和行业内在研发方面的竞争互动会影响绩效反馈与研发搜索之间的关系，因此，企业决策者在进行研发搜索时，除了要考虑绩效是否已经达到了预期水平，还要重视对外部环境动态情况的考察与关注，对行业在研发竞争方面的跟风和模仿现象也要给予警惕。

第四，本研究还指出相比于非国有企业，国有企业绩效反馈后在从事研发这样的风险行为上更呈现出风险规避的趋势。因此如何激励国有企业更加关注研发，通过研发搜索来解决绩效下滑问题，或者进一步提升和增强其创新能力，是国有企业乃至整个国家需要进一步思考的重要问题。

1.4 研究创新点、技术路线及结构安排

1.4.1 研究创新点

本书可能的创新点如下。

第一,本书研究的主题是绩效反馈与研发搜索的关系,尽管在西方主流管理学期刊 Academy of Management Journal(AMJ)、Strategic Management Journal(SMJ)、Academy of Management Review(AMR)、Management Science(MS)以及 Organization Science(OS)等都有相应的文献,但是这样的研究对于绩效反馈与研发搜索之间关系的阐述依然存在争议,并且实证研究结果也不同。本书明确提出了问题驱动的搜索和冗余驱动的搜索来解释绩效反馈与研发搜索之间的关系,并且得到了实证分析的支持。除此之外,现有该主题的研究较少有针对中国企业及情境的研究,我们的研究一定程度上拓展了绩效反馈及其结果变量研究的普适性范围。

第二,本研究可能存在的创新点在于绩效反馈与研发搜索关系情境变量的研究。现有有关绩效反馈与研发搜索关系的情境变量研究仍然十分有限,尽管有学者从组织形式、CEO 和外部董事股票期权、交易型和关系型所有制结构等方面进行了探索,但是依然有学者呼吁加大对情境变量的研究。况且现有研究十分缺乏对转型经济中中国企业绩效反馈与研发搜索关系情境变量的研究。本书中对调节变量的选取也是基于这样的考虑,从代理理论角度、企业外部环境角度及企业所有制角度选取了相应的调节变量。这些调节变量的选取也有相应的理论支撑,对现有文献和理论都有所贡献。

第三,本研究对情境变量的考察既整合了公司行为理论和代理理论,又整合了公司行为理论和动态竞争理论,不仅弥补了公司行为理论研究上的一些空白,也为代理理论和动态竞争理论的跨领域广泛应用提供了实证研究上的支持。

1.4.2 技术路线

我们基于前文对研究背景的分析，提出了绩效反馈与研发搜索关系及可能影响二者关系的情境变量的相关研究问题，并且阐述了本研究的理论意义、现实意义以及可能存在的创新点。为了探索本书的研究问题，实现研究的意义及可能的创新，我们制定了本研究的技术路线，如图1-2所示。

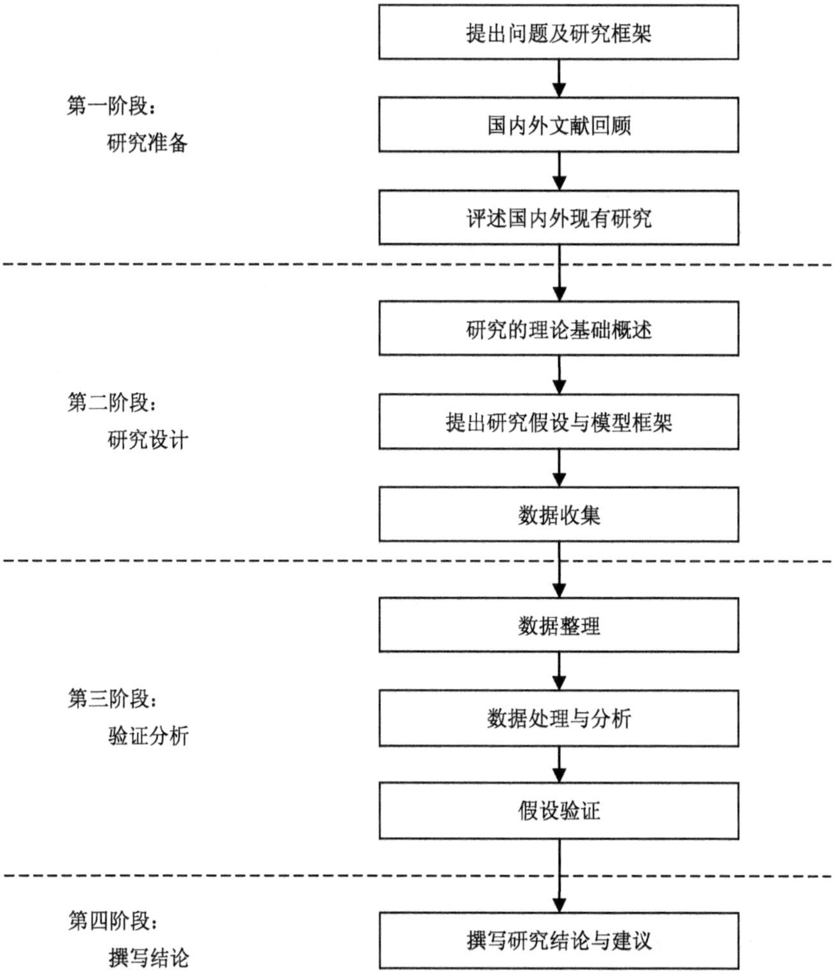

图1-2 技术路线图

1.4.3　结构安排

本研究基于战略决策理论、公司行为理论、代理理论、动态竞争理论等，针对企业绩效反馈与研发搜索关系这一主题进行研究，采用中国制造业上市公司2006—2012年的面板数据为研究样本，进行了实证研究。本研究拟解决的主要问题包括：(1) 绩效反馈与研发搜索关系的主要解释机制是什么？在中国情境下绩效反馈与研发搜索关系是怎样的？(2) 中国情境下，有哪些能够影响绩效反馈与研发搜索关系的调节变量？我们主要从代理理论角度、企业面临的外部环境角度及企业所有制角度考虑能够影响绩效反馈与研发搜索关系的调节变量。最终选取了做为企业主要代理人的CEO，研究CEO二元性、CEO股权的调节作用。外部环境视角我们选取针对中国企业，尤其是制造业企业会面临的能够反映技术变革和市场需求变动的环境动态性，以及能够反映企业所在行业跟风研发和模仿创新程度的行业竞争互动——CSM，研究它们对绩效反馈与研发搜索关系的调节作用。并且我们还选取中国情境特有的国有企业类别，探索其在绩效与预期水平比较的情形下，会如何进行研发搜索。

本书具体的章节安排如下。

第一章，绪论。主要介绍本书的研究背景，在阐述了研究背景的基础上，提出本书所要研究的问题，并且阐述研究意义。最后就研究可能存在的创新点进行说明，并且指出研究的技术路线和章节安排。

第二章，文献综述。本章主要回顾战略决策理论和公司行为理论的理论基础、核心思想、基本概念及公司行为理论发展的相关内容，并且重点介绍组织预期和绩效反馈的相关理论综述。接着介绍与本研究有关的其他理论综述。通过理论回顾和文献梳理来为本研究的主题内容——绩效反馈与研发搜索关系及影响二者关系的情境变量，提供理论基础。

第三章，研究内容及假设提出。在第二章理论回顾所奠定的理论基础上，阐述本书的研究内容和提出相应的研究假设。本书的研究假设可以分为两个层面：(1)有关绩效反馈与研发搜索关系主效应的假设提出，我们将基于问题驱动的搜索和冗余驱动的搜索，作为解释企业绩效反馈对研发搜索影响的解释机制。主效应假设提出当绩效低于组织预期水平即负绩效反馈时，企业会进行基于问题驱动的研发搜索；而绩效高于组织预期水平即正绩效反馈时，企业会进行基于冗余驱动的研发搜索。并且我们基于现有文献的研究，提出了负绩效反馈对研发搜索影响程度与正绩效反馈对研发搜索影响程度的比较研究，我们认为负绩效反馈对研发搜索的影响要大于正绩效反馈对研发搜索的影响。(2)有关绩效反馈与研发搜索关系调节变量的假设提出。首先，我们从代理理论出发，考虑企业CEO作为重要的代理人，其权利和动机是如何影响绩效反馈与研发搜索关系的。其次，我们基于动态竞争理论，以及现有公司行为理论、组织预期和绩效反馈研究中存在的研究不足，指出从企业外部环境视角考虑影响主效应的调节变量——环境动态性和CSM。最后我们考虑了国有企业所有制对主效应的调节作用。

第四章，研究设计。本章首先介绍了研究采用的样本，为了与现有研究绩效反馈与研发搜索关系的文献形成对比，也因为我国创新方面的研发投入主要都在制造业领域，我们采用制造业企业作为研究样本。选取了制造业上市公司2006—2012年的企业数据，并且对研究样本进行了说明。其次，我们对研究变量进行了阐释，并且做了描述性统计和相关性分析。最后，我们对研究所采用的模型进行了设定和选择，最终确定采用固定面板回归分析的方法进行实证分析。

第五章，实证分析。首先，我们对研究可能存在的内生性问题进行了说明，重点考虑了对结果变量可能造成影响的潜在被遗漏变量，也采用工具变量的方法进行了相应分析。其次，我们基于现有研究对组织预期和绩效反馈的测量方法及采用模型的差异，采用历史预期和社会预期相独立的模型进行主效应和调节效应的固定面板回归分析。回归结果显示，本研究所提出的主效应假设得到了支持，绩效反馈与研发搜索呈V形关系，并且负绩效反馈对研发搜索的作用大于正绩效反馈对研发搜索的作用。CEO二元性、CEO股权、国有企业属性及环境动态性和CSM都对负绩效反馈与研发搜索的负向关系有正向的调节效应，而国有企业属性、环境动态性及CSM对正绩效反馈与研发搜索关系存在负向调节作用，CEO二元性和CEO股权对正绩效反馈与研发搜索关系的调节作用不显著。最后，我们采用组织预期的权重模型进行了稳健性检验，结果发现研究结论具有稳健性。

第六章，研究结论、不足及展望。总结了本研究的主要结论，并且阐述了相应的管理启示，最后对本研究存在的不足进行说明，并且针对研究不足提出了未来可能的研究方向。

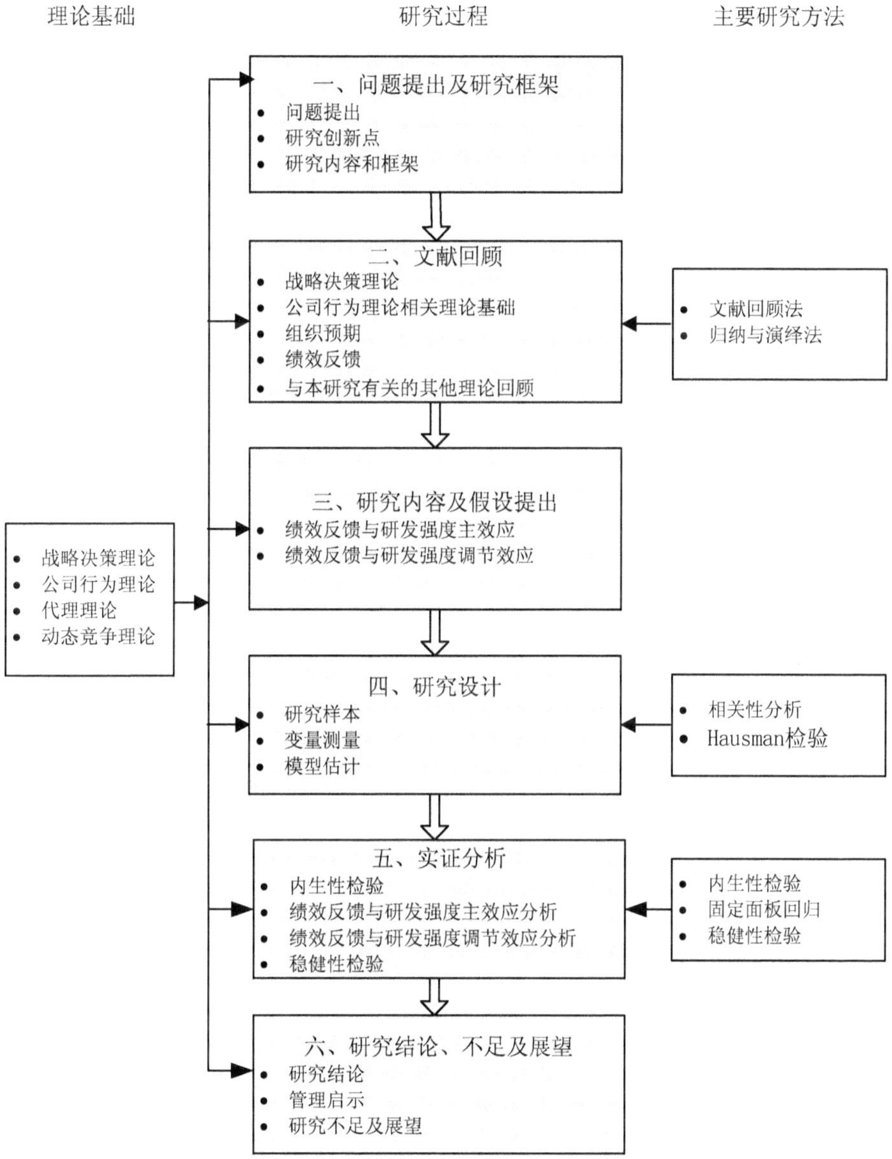

图 1-3 章节结构安排

第二章　文献综述

本章为文献回顾，主要阐述了本书研究内容的理论基础，这些理论主要包括战略决策理论、公司行为理论、代理理论及动态竞争理论等。首先，我们主要回顾了战略决策理论和公司行为理论的理论基础、核心思想、基本概念及公司行为理论的发展。其次，针对本研究的主题重点介绍了组织预期的内涵、理论基础、测量，以及组织预期的前因、结果和调节变量，并且对基于组织预期的绩效反馈内涵、测量及现有研究做了介绍。最后，我们介绍了与本研究有关的其他理论：代理理论、环境动态性、动态竞争理论及企业所有制相关研究。

2.1　战略决策理论

2.1.1　战略决策理论基础

有关战略决策的理论和方法在很多文献和教科书中都有阐述。结合本书的研究内容和主题，我们重点回顾公司战略决策文献中的核心内容，因为这些核心内容也是本研究主题绩效反馈与研发搜索关系的理论基础。作为战略过程视角的核心主题，战略决策是十分重要的。Mintzberg，Raisinghani & Theoret(1976)对于战略决策的著名定义是“战略决策对于企业是重要的，通常是企业采取的行为、运用的资源等”。Eisenhardt & Zbaracki(1992)认为战略决策就是组织高层领导采取的非惯例性的能够影响组织健康及生存的决策。战略决策理论里的主流范式在于探讨决策者的理性和有限理性、决策政治和权利，以及垃圾桶决策模型。

1. 理性与有限理性

战略决策理论的理性和有限理性研究范式和公司行为理论的理论基础满意及核心思想有限理性有着共同的特征，只是战略决策理论更能够体现从理性到有限理性逐渐的发展过程。比如 Simon 在 1965 年开发的"识别—发展—选择"模型就属于理性模型的典型代表。而随着研究的进一步发展，学者越来越意识到决策过程中认知局限的重要性，很多学者开始从案例分析、仿真模拟等研究方法入手，探索有限理性的相关研究，例如搜索、标准操作程序、目标和可替代方案等等。

2. 决策政治和权利

战略决策理论的另一个理论基础是决策政治和权利。公司的决策者抱有不同的目标，他们在决策过程中通过联盟和权利来影响决策过程和决策行为。一方面决策者之间存在利益冲突，比如一些决策者认为企业扩大规模会给他们带来好处，因此在决策过程中会追求规模；而另外的决策者则可能仅仅追求利润，因此只要企业的经营实现了盈利，对于利润或者增长的追求动机就会与那些追求规模的决策者产生冲突，影响决策行为。另一方面，战略决策还体现了拥有权利的决策者的偏好，拥有权利的决策者往往可以通过战略决策获取利益。因此，决策者会运用政治策略，如合作、联盟以及通过对有关信息的使用来增强其权利。

3. 垃圾桶决策模型

垃圾桶决策模型是 Cohen，March & Olsen（1972）提出的描述在高度模糊情境下企业战略决策的模型。其基本思想是企业在其长期发展过程中早已对某些行为方案有所偏好，在针对决策问题选择决策方案时，会尽可能实施这些偏好的解决方案，这样的过程会对决策过程及结果产生重大影响。垃圾桶决策模型的理论阐述和 Cyert & March（1963）的公司行为理论将企业看作呈有组织的无政府状态在本质上是异曲同工的。

2.1.2　战略决策研究主题

目前战略决策相关研究，主要集中在探索有关战略决策的两个主题：一是战略决策内容的相关研究，二是战略决策过程的相关研究。由于早期战略学者，如

Ansoff,Porter et al. 提出战略内容的分析框架,学者对于战略决策理论的研究较早都是关注战略决策的内容研究,较少关注战略决策的过程。直到 20 世纪 90 年代,学者才逐渐重视对战略决策过程的研究,并且取得了巨大的研究成果。本书的研究内容,也属于对企业战略行为决定过程的影响研究,因此我们重点介绍有关战略决策过程的研究。

1. 战略决策过程的维度

目前现有文献对于战略决策过程的维度有了较为清晰和一致的划分。战略决策过程包括以下几个方面:全面性/理性、集权化、形式化/标准化、政治/问题解决纠纷及其他因素(Papadakis et al. ,1998)。

2. 战略决策过程的影响因素

有关影响战略决策过程的因素研究目前主要集中在三个方面进行探索(Rajagopalan et al. ,1993)。第一个方面是组织面临的外部环境因素,如环境动态性、环境复杂性及外部环境的增长状况等;第二个方面是与决策本身相关的因素,如决策的动机、决策的紧迫性、决策结果的不确定性及风险、决策复杂性等;第三个方面是组织方面的因素,如组织过去的绩效、过去的战略,组织结构、权利分配,组织规模,组织冗余状况,高管团队特征及 CEO 特征等。

2.1.3 CEO 和高管团队对战略决策过程中的影响

现有研究较为关注 CEO 和高管团队对战略决策过程的影响,相应地可以分为战略决策过程的 CEO 特征模型和高管团队特征模型。CEO 特征模型和高管团队特征模型都对战略决策起着重要作用。目前学者广泛使用 CEO 特征模型,其中 CEO 特征包括 CEO 的成就需要、CEO 的风险倾向、CEO 任期和 CEO 教育水平等。高成就的 CEO 往往会采用理性分析的过程和系统来进行决策,并且倾向于采用正式的决策过程。CEO 的风险倾向对决策也有重要影响,通常情况下,CEO 是风险规避型的,会采用高度控制和直接监督的方法来处理战略决策。CEO 任期越长越可能采取标准化的决策程序,减少内部政治争论。受到良好教育的 CEO 通常也会鼓励受到良好教育的高管担任重要职位,进而间接影响战略决策。

高管团队的特征包括高管团队的教育水平、风险行为及积极的战略行为等。

良好教育的高管团队会为决策提供更为丰富的知识和技能支持，使决策更加理性，并且提供更为富有创造力的想法。积极进取的高管团队会更为理性地决策，并且提供更多可替代的方案。

结合本书的研究内容，我们考虑的是CEO作为重要的代理人对企业战略行为的影响。

2.2 公司行为理论

自从Cyert & March(1963)开创性的著作《公司行为理论》问世以来，人们对公司行为的研究，逐渐从经济学的视角演变到注重研究公司的行为本身上来。Cyert & March(1963)的《公司行为理论》激发并且开创了研究组织的新方法，提出了一系列正在被检验和阐述的假说。许多重要的研究流派及传统都深受《公司行为理论》的影响，如组织学习理论(Huber，1991；Levitt et al.，1988；Miner et al.，1996)和演化经济学(Nelson et al.，2002)。Cyert & March(1963)的书《公司行为理论》也开启了一派研究组织的理论先河。公司行为理论从诞生到现在，历经了50多年的历程，对组织理论和战略管理都具有深远的影响。本书的研究就是基于公司行为理论，侧重于探索公司行为理论在战略管理层面的应用，因此有必要先对公司行为理论进行回顾与述评。

2.2.1 公司行为理论的基本假设

公司行为理论源自于卡内基学派(Carnegie School)，主要研究公司行为和管理。公司行为理论可以说是集合了很多不同领域思想的精华，并且成功将其整合到新的组织领域中来。Cyert & March(1963)认为传统研究公司的理论往往聚焦于以市场经济为基础的价格和数量产出，并且倾向于提供对结果的解释，而非对过程进行探索。作为卡内基学派的重要基石之一，公司行为理论打开了研究公司行为过程的黑箱，即从过程的视角预测决策及其结果的实际情况，而不仅仅是注重探索决策及其结果产生的原因。为此，Cyert & March(1963)发展了一系列基本概念来构造公司行为理论。

1. 理论基础

西蒙早在1947年就提出管理的核心是决策，而决策跟有限理性有关，有限理性会使个体决策受限。西蒙的观点正是卡内基学派的核心，即组织行为的本质是受有限理性影响的。Cyer & March 抓住行为理论学派的关键思想，从认知视角为有限理性奠定了相关基本假设。这些基本假设包括满意、搜索、规则、标准操作程序及现实状况。

(1) 满意。满意是指个人或者企业不是追求最大化收益，而是追求满意的结果，是否满意则取决于期望水平(aspiration level)。期望水平又会受到一系列因素的影响，其中最明显的是个体或者企业以往的绩效水平如何。

(2) 搜索。西蒙认为有限理性是指个人缺乏足够的知识和判断来预测每一种可能的选择的后果。对于可行的选择方案及其价值，个体仅仅只能掌握局部知识和信息。因此个体需要搜索信息及选择方案。Cyert & March 认为选择理论和搜索理论是紧密结合在一起的，共同作用于决策理论。满意的原则告诉我们个体或者企业追求一种可行的满意的解决方案，当他们无法获得满意的结果时，会激发他们去搜索，这样的搜索是问题驱动的。当解决方案能够达到满意程度，搜索过程就会停止。那么什么是达到满意的程度呢？事实上，个人或者企业以满意结果为导向时，一个关键的前提就是要有一个预期的能够达到的结果(可以是产出、收入等等)，这个预期的能够达到的结果往往被不同领域的学者赋予不同的定义，如经济学中称其为期望(expectations)、公司行为理论中将其命名为预期(aspirations)，甚至直接命名为目标(goals)，等等。所以个人或者企业达到这样的预期(期望、目标)后，就会获得满意，预期就成为个人或者企业决策的关键所在。Cyert & March 在其著作《公司行为理论》中明确指出，个人或者企业往往在决策过程中，倾向于设定比较粗略的预期，从而拒绝可能的替代性目标，以达到战略意义上的尽可能的简约抽象和高度概括。

(3) 规则、标准操作程序及现实状况。当外部环境不确定性较高时，对于个体或企业的决策来说，做出完全理性的决策所需要的信息往往不可得。个体或企业往往很难追求较为长远的未来，只能按照标准操作程序来处理危机或难题。个体或企业往往是基于规则和标准操作程序来处理问题，搜索其所处的本地环境，采取仅仅只能够改变现状的解决方案。因此其搜索的机制往往采用自动化规则，即组织内的标准操作程序。这些以规则及标准操作程序为主的组织行为避免了决策者利用经验进行决策或者预测的行为发生。

Cyert & March 在其著作《公司行为理论》里详细论述了规则及标准操作程序。他们认为在研究企业的微观行为问题时，企业应该作为一个具备适应性的理性系统存在。这样的适应性系统应该具备以下这些基本性质。(1) 系统是存在多种不同状态的，并且在其任何一时点上，系统会呈现出某种意义上的偏好——在众多状态中的某一种状态。(2) 作为一个适应性理性系统，在其外部存在干扰源或冲击源时，这些干扰源或冲击源往往令系统无法被有效控制。(3) 系统除了存在外部干扰源和冲击源之外，还在系统内部存在一些决策变量，并且这些决策变量依据某些决策规则可以给予系统相应控制。(4) 外部干扰源或冲击源和内部决策变量的不同组合会共同影响系统的状态。(5) 决策规则的运用具有延续性。系统在某一个时点上可以运用任何决策规则，这些决策规则可以导致系统偏好于某种状态，而这些决策规则在未来被使用的可能性会更大；相应地，如果系统在某一时点不怎么使用某些决策规则，这些规则在将来被使用的可能性就比较小。决策规则一旦被使用，可能会具有延续性。正是这些系统所具备的性质，使得系统具有适应性，就是不断从经验中学习。并且具有适应性的组织，并不像经济学家所设想的在无所不知的理性基础上追求长期适应性过程及结果，而是追求相对短期的适应过程及结果。要考察企业系统的短期适应过程及结果，就必须从企业组织的标准操作程序着手。企业组织的标准操作程序就是组织的记忆。某些标准操作程序会随时间频繁变化，而某些标准操作程序则很少变化。Cyert & March 将企业所运用的标准操作程序划分为一般标准操作程序和特殊标准操作程序。其中一般标准操作程序包括不确定性规避、维持规则、运用简单规则；特殊标准操作程序包括任务执行规则、持续的记录和报告、信息处理规则及计划规则。

2. 核心思想

公司行为理论的核心思想首先是围绕三个概念展开的——有限理性、不完全环境匹配、未解决的冲突。

战略决策理论和公司行为理论研究中都注重有限理性的研究。有限理性是指在企业运营的现实情形中，理性的行为人会受到其自身时间、精力、信息和计算能力的限制。正因为存在这样的限制，即便理性的行为人能够花费足够的时间、精力，进行最优化的计算，得到最优化的计算结果，也会因为巨大的成本显得不合时宜。

不完全的环境匹配是指行为人所运用的准则、方法及惯例，不会仅仅依赖于其所处的环境，尽管环境确实会对其产生影响。新古典企业理论假设竞争将产生具备绝对生存优势的准则，并且有利于普及这些准则；组织之间准则方法及惯例的差异，归根结底是来自于组织所处的环境有差异。而行为理论研究者则认为组织的历史是具备无效率性的，组织或者行为人所运用的准则、方法及惯例，与其所处的环境之间的关系，会随着漫长的演化过程体现出不确定性。

未解决的冲突是指组织中存在多个行为人，而这些行为人之间具有雇佣关系所未能完全解决的利益关系上的冲突。新古典企业理论假设经济行为人都具有自利性的特征，却没有考虑到组织内部多个不同行为人之间存在的利益冲突。而行为理论却认为，组织内部的多个不同行为人之间可以通过不断地协商与再协商，以确定组织及个人之间的利益关系，多个不同利益的行为人之间较难达成一致的利益观点，并且就算能够在某种程度上达成一致，也较难以得到长久维持。

3. 基本概念

(1) 组织目标、预期和选择

有关组织的目标，Cyert & March 认为，特定决策的行动目标就是制定这一决策的子单位的目标，问题会引起目标的改变，并且在谈到组织目标的时候确定了一组影响变量，可以影响所有原定的组织目标的期望水平，包括组织过去的目标、组织过去的绩效及其他具有可比性的组织的过去绩效。

组织预期是指组织根据其可以获取的有关信息，做出相应的推论而得到的结果。针对组织预期的研究，可以着眼于探索能够影响到组织获取信息过程的变量，也可以探索能够影响组织推论过程的变量。其中值得指出的是，组织能够达到目标的程度及其冗余的多少是影响组织搜索强度和能否成功的关键；而组织所从事的搜索活动所要解决的问题的性质，以及搜索发生的位置是影响组织搜索方向的关键。

组织选择是由组织中存在的问题所引发的，一旦问题发生，组织会运用规则、惯例和标准操作程序，从组织目标角度出发来选择备选方案。Cyert & March系统总结了可能影响组织选择的变量：对组织界定产生影响的变量、对组织标准决策规则产生影响的变量、能够影响组织考察备选方案顺序的变量。

（2）关系概念

Cyert & March还发展了四个关系概念，和上述提到的理论基础和核心思想一起，构成了行为理论的理论体系。这四个关系概念包括：① 冲突的准解决（quasi-resolution of conflict）；② 不确定性规避（uncertainty avoidance）；③ 问题搜索（problemistic search）；④ 组织学习（organizational learning）。

冲突的准解决是指组织通过在不同目标之间寻找暂时的折中联盟，来处理组织不同目标的一种趋势。假定组织中出现的暂时的联盟是由怀有不同目标的行为人组成的，那么在绝大多数的时间里，组织总是在潜在冲突中生存并且逐渐成长。这种目标之间的联盟或者联合（coalitions）涉及了不同目标维度之间的权衡和可接受的替代方案的发掘。

不确定性规避是组织选择决策规则的一种趋势，这些决策规则是通过运用强调对短期反馈的短期反应，而不是强调对长期不确定情况来进行预测，并且尝试创造一个相互依赖的行为人之间协调的谈判环境。事实上，组织决策必须承受的一个情况就是不确定性的存在，对于企业而言，这些不确定性可能表现在很多方面：供应商的行为影响、市场的反应状况、竞争者的竞争行为、政府机构可能采取的政策行为、企业股东因为不同利益所呈现出的态度等等。越来越多的企业开始逐渐注重在风险和不确定性条件下的企业决策行为研究。

问题搜索是指由组织面临问题所引起的，目的是搜索能够解决企业问题的解决方案的搜索行为。问题搜索往往是为了克服企业绩效下滑，通过简单的因果关系模型，基于组织经验和个人目标，所激发出来的。Cyer & March对问题搜索提出了有关前提假设：① 搜索往往是被动完成的。简单地说，问题搜索往往是由一个问题所激发的，并且目的是解决这个问题，而这个问题的来源可能是多方面的。② 搜索是单一的。他们假设搜索规则是单一的，反映了单一的因果关系。组织的搜索行为要服从于组织的学习行为。问题搜索最初建立在两个单一规则基础上：问题症状周围的搜索和当期备选方案周围的搜索，即组织在结果附近找原因、在现有解决方案附近找新的解决方案。③ 搜索存在偏好。Cyert & March 假定了三种搜索偏好：能够反映出组织不同部门特殊知识和技能的偏好；能够反映愿望与预期的相互作用的偏好；能够反映组织为解决冲突的沟通偏好。

组织学习则假定组织能够像人一样经过学习实现成长，组织会随着时间的推移而表现出某些适应性行为。当搜索和变化循环发生时，会导致组织目标的不断适应、注意力规则的不断适应、搜索规则的不断适应。这里的目标假定是以期望水平存在的，假设在特定时期的组织目标是以下变量的函数：组织前一期的目标；组织前一期目标的组织经验；能够与组织相比较的其他可比组织的前一期目标的经验。因此这样的关系可以表述成下列函数公式：

$$G_t = a_1 G_{t-1} + a_2 E_{t-1} + a_3 C_{t-1}$$

其中，G 代表组织的目标，E 代表组织的经验，C 则代表能够与组织相比较的其他可比组织目标的经验，$a_1 + a_2 + a_3 = 1$ 。a_1 和 a_2 表示组织面对其经验时，能够修正其目标的速率，a_3 表示组织面对竞争者或能够与组织相比较的其他可比组织的绩效的敏感程度，并且 a_3 的值会因为相关组织经验超过或是低于组织目标而不同。

在公司行为理论中，这四个关系概念为组织采用行为现实的方法来预测组织行为，而不是用传统的最优化和均衡分析方法来预测组织行为奠定了基础。可以用图 2-1 详细表示出组织的决策过程（图 2-1 根据 Cyer & March 于 1963 年撰写的 *A Behavioral Theory of the Firm* 和中国人民大学出版社于 2008 年出版的李强翻译的《企业行为理论》的内容整理而成）。

2.2.2 公司行为理论的发展

公司行为理论对经济学、组织研究及战略都深有影响。Gavetti G. et al.(2012)总结了公司行为理论所涉及的研究领域——组织惯例（Organizational Routines）、组织预期（Organizational Expectations/Aspirations）、绩效反馈（Performance Feedback）、组织政治（Organizational Politics）、组织注意力（Organizational Attention）、组织学习（Organizational Learning）、组织适应性（Organizational Adaptation）。

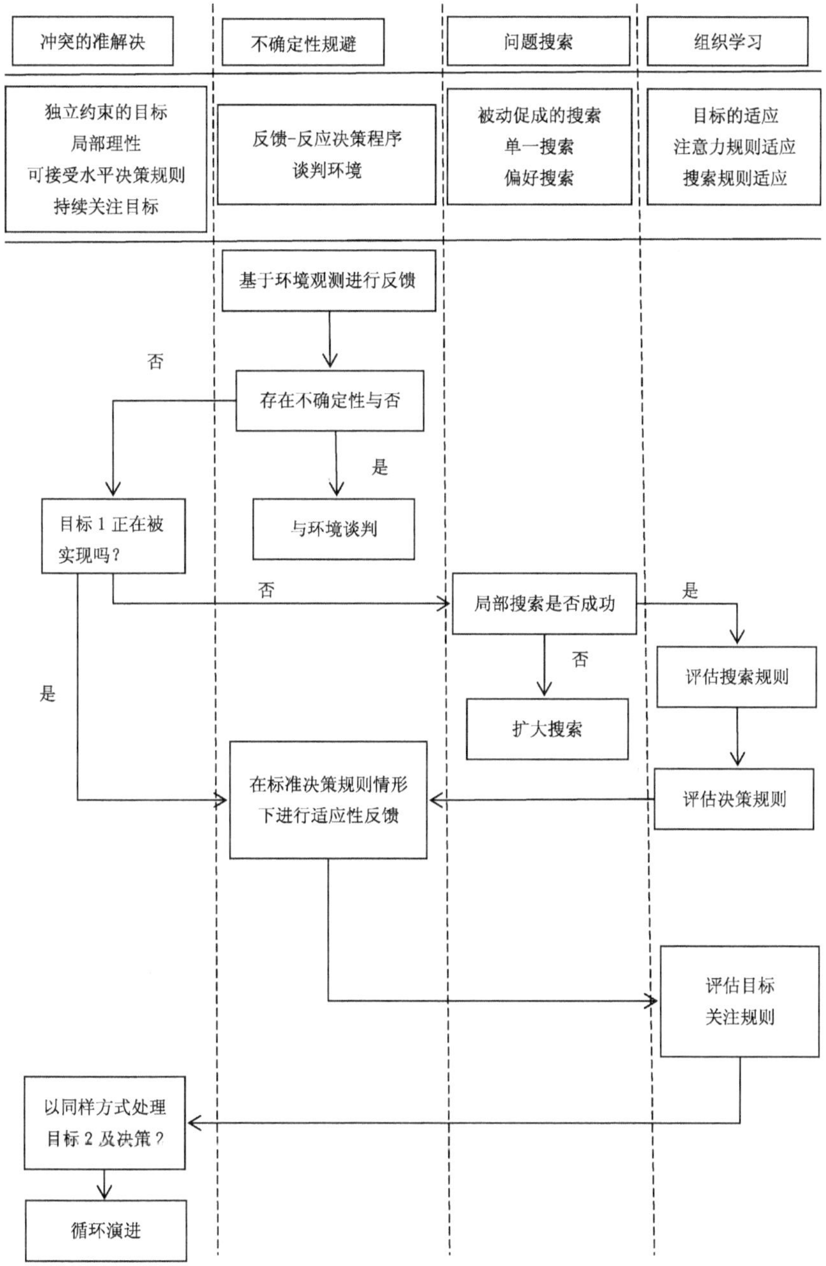

图 2-1　基于关系概念的组织决策流程图

（资料来源：根据 Cyer & March 于 1963 年撰写的 *A Behavioral Theory of the Firm* 和李强翻译的《企业行为理论(第 2 版)》整理而得）

1. 组织惯例

Cyert & March从公司行为理论的核心思想出发，延伸出组织的标准操作程序，是公司行为理论的重要基础概念。之后Eisenhardt & Martin(2000)等将标准操作程序等同于组织惯例，广泛应用到当前的管理学文献中。当前有关组织惯例的研究很大程度上要归功于Nelson & Winter，他们的研究也是建立在Cyert & March的研究基础上。Cyert & March、Nelson & Winter为过去20年的组织和战略研究领域奠定了两个研究基础：组织研究领域的组织学习和战略研究领域的能力范式(capabilities paradigm)。

2. 组织预期

组织所做出的选择和行为并不仅仅是反应式的、基于规则的渐进的过程，并不仅仅是对短期问题的反应或者是未能够达到组织过去定下来的期望水平而采取的半自动化程序。重要的决策往往是希望能够准确预料到未来环境。Cyert & March认为为了能够有效预测未来环境，就必须分析组织的预期。预期源自于对组织的观察和对环境的解释。Cyert & March认为组织的预期本质上通常都是保守的，这样会促使组织的搜索行为偏向于本地化的利用导向，而不是较为长远考虑的探索。

3. 绩效反馈

前面已经论述过问题搜索是公司行为理论的主要关系概念之一。公司行为理论的一个核心基石是Cyert & March构建了问题搜索模型，即当绩效低于期望水平时，会激发组织展开问题驱动的搜索，同样的也会使得组织根据实际经验的绩效来调整期望水平。Greve(1998)有关绩效反馈的文献也指出低绩效的组织倾向于更加努力，并且期望程度会降低。有关绩效反馈的文献近年来越来越多，绩效反馈会引起组织做出很多方面的改变，例如并购、创新、多样化、国际化等。由于本书研究主题隶属于绩效反馈的范畴，有关这部分的文献综述将放到后面重点论述。

4. 组织政治

公司行为理论的关系概念之一是冲突的准解决和不确定性规避，这些概念是构成组织政治和组织注意力的基础之一。很多理论都受到这些基本概念的启发，如Salancik & Pfeffer(1978)的资源依赖理论。组织政治的研究源于组织中存在很多拥有不同目标和利益的成员，这些成员共同构成了一个政治联盟。Hambrick & Mason(1984)运用这样的政治联盟观点，聚焦于高层管理人员所形成的组织主要联盟的人口统计学特征，发展了高阶理论和高管团队的研究视角。Eisenhardt & Bourgeois(1988)的研究指出管理者联盟之间的政治行为当中，CEO的权利越集中的话，会引起更多的政治行为，这些政治行为会降低组织绩效。有关公司政治联盟的研究一个很重要的影响就是Ocasio(1994)等提出的逐渐形成的权利循环(Circulation of Power)理论，权利理论并不是制度化的、根深蒂固于组织中的个体或者组织部门中的，而是不断演化循环的，这种演化循环大多是由组织中的不同个体或不同团体，为了获得组织内主导的联盟地位而不断相互竞争的结果。总之不管是组织政治联盟的研究，还是权力循环理论的研究，都会强调组织中存在多方目标和利益不同的行为人或者组织成员，这些成员共同构成了组织，不同目标和利益的成员之间会存在冲突或者合作等行为，这是公司行为理论的一个重要核心观点。这样的核心思想也被一些实证研究所证实(Zhang，2006；Combs et al.，2007)。本书的研究其中之一就是从组织内不同目标和利益的成员拥有的不同权利，来分析不同绩效差距情境下，绩效反馈与研究搜索关系的影响。

5. 组织注意力

组织注意力的研究主要观点在于，组织或者企业里存在众多的行为人，而多行为人的注意力是不同的。Ocasio(1997)在Cyert & March研究的基础上，提出了研究企业的基于注意力的视角，注意力的形成不仅受到组织目标的影响，而且会受到组织正式和非正式的组织结构、组织所关心的问题、组织的主动性和决策渠道的影响(Ocasio et al.，2005)。组织注意力研究的一个关键影响因素就是组织里那些关键参与者所拥有的权利，特别是CEO和高管们。组织注意力也可以是对外部环境的关注，关注环境中的变化。Levy(2005)的研究发现当企业的高管团队注意到企业所处外部环境中的不同元素时，企业更愿意去发展其广泛的全球战略。有关注意力基础观的研究还会经常和其他理论相结合，Cho & Hambrick(2006)将高阶理论和注意力基础观相结合，探索航空业在管制后高管团队的注意力导向，他们发现组织注意力会中介高管团队对于战略变化的作用。有关注意力前因变量的研究也受到学者关注。Marcel，Barr & Duhaime(2011)认为高管的认知导向和环境带给高管的提示会形成组织对于航空行业竞争对手的关注、解释及反应。高管的注意力及股东的注意力会影响到很多的结果变量，如对于竞争对手在技术方面的反应、技术创新、部门的反应速度及任务变化，等等。此外 Bouquet & Birkinshaw (2008)将组织注意力(Attention)、权利(Power)、政治(Politics)相联系，运用到企业国际化研究中，他们通过研究发现，在跨国企业中，海外子公司通过在结构上占据一定地位和获取话语权来得到公司总部的关注。Tuggle et al. (2010)的研究指出，绩效和权利影响董事会监督重点的机制，低绩效偏差会增加董事会监督，而CEO 二元性会减少董事会监督。

6. 组织学习

公司行为理论认为组织学习作为一个关系概念，包括对注意力规则的强化和搜索能够提供解决方案的路径，也包括从外部来源(例如其他组织的经验)学习。组织学习的应用大量体现在有关组织搜索的研究中。Cyert & March 有关搜索的研究重点在于探索“什么激发了搜索”和“一个组织怎样才能找到问题的解决方案”。搜索也可以从网络的视角展开，因为组织会因为其外部网络所包含的多样化的网络连带而进行学习行为，同样搜索也可以是内部导向的，通过组织内部知识的共享而完成。

7. 组织适应性

Cyert & March 的公司行为理论认为组织是一个复杂的系统，组织包含一系列相互依存的，能够对外部反馈和内部强化做出反应的决策规则，研究的重点在于考察这些决策规则之间的相互依存性。这样的观点对复杂适应系统的观点都有影响。这里需要指出的是，组织所处的环境状况会对组织的适应性反应产生作用。当组织所处环境充满不确定和风险时，组织往往会做出短期的适应性反应；而当组织所处环境是相对稳定的状态，即不确定性和风险相对较低时，组织偏重于长期的适应性过程。而在 Cyert & March 的研究中，其更加重注对组织短期适应性的研究，通过研究组织的标准操作程序来确定组织适应性。

公司行为理论自从发展以来，一直到现今，在管理学研究中始终占据着重要的地位，其最为核心的影响是对组织理论和战略管理的影响。目前其思想主要应用在组织学习和绩效反馈中，但是越来越多的学者开始从公司行为理论的一些理论基础、核心思想、基本概念和关系概念中汲取养分，并且与其他理论和方法相结合来，例如标准操作程序、惯例、注意力、权利和适应性等。但是公司行为理论仍然存在一些研究上的空白，Gavetti G. et al.(2012)就详细分析了公司行为理论未来可能存在的研究方向。正如前文所述，虽然公司行为理论的某些方面已经是研究的主流，并且受到学者广泛关注，如组织学习、绩效反馈等等，但是也有些正在逐渐引起关注，如组织预期中的多目标，会对组织的战略行为产生怎样的影响，等等，而这些研究都将激发出学者极大的研究兴趣。Giovanni 认为整合的一个重要方面就是将公司行为理论所关注的公司决策过程和外部环境适应性相结合起来。整合的另一个方面就是将企业与其所处的制度环境相结合。因此，本书将从公司行为理论和环境整合的视角，研究绩效反馈与组织研发搜索关系的情境变量。

2.2.3 公司行为理论简评

本部分主要回顾了公司行为理论的理论基础、核心思想、基本概念及公司行为理论的发展。我们认为，公司行为理论的主要贡献体现在，其作为一个巨大的理论框架体系，所提出的一系列理论基础、核心思想及基本概念等，一方面是公司行为理论的基本支柱，另一方面为后来组织理论、组织行为理论等的发展奠定了坚实的基础。重要的理论如组织学习理论和演化经济学理论都建立在公司行为理论基础上，其众多的光辉思想经过学者的发扬及演绎，已经产生了深远的影响。我们还在Gavetti G. et al.(2012)的基础上简要总结了公司行为理论现在的发展研究领域，可以看出来，其涉及的研究范围十分广泛。但是我们认为公司行为理论发展到今天，仍然可能会存在些不足，比如其涉及的研究领域是否存在重叠，研究领域能否进行整合，公司行为理论能否与其他宏大的理论视角进行整合(如心理学、社会学等)，这些都值得进一步探索。而 Gavetti G. et al.(2012)的研究虽然指出了一部分未来发展的方向，但是对于公司行为理论的进一步演进，仍然需要更多理论和实践意义上的探索。

2.3 组织预期研究综述

前文我们回顾了公司行为理论研究中的一个重要概念——组织目标、预期。尽管在现有管理学文献中，学者往往会采用不同的词语，比如目标(goals)、期望(expectations)、预期(aspirations)、参照点(reference points)、基准点(benchmarks)等来表示组织所设定的想要达到的结果，但在本质上这些词语所表达的含义都是一样的。因为我们的研究是基于公司行为理论展开的，所以我们统一将这些不同词语的表示，用组织预期(aspirations)来概括。尽管前面的文献回顾中提到了组织预期的概念，但是并没有对组织预期这一管理学研究的热点问题做进一步展开，本部分将着重回顾有关组织预期的研究内容，包括组织预期的内涵、组织预期的理论基础、组织预期的测量方式及有关组织预期研究的前因、结果及可能的调节变量，以此为后面的文献回顾和研究开展提供基础。

2.3.1 组织预期的内涵

有关个体和组织决策的文献中，个体和组织都会存在预期水平。个体决策中的预期水平通常被描述为“在心理上处于中立状态(例如，既不风险规避，也不风险偏好)的参照点”(Kameda et al.,1990)，“能够被决策者认为是满意程度最低的结果”(Schneider,1992)。预期水平的产生是有限理性的决策者对结果是成功或者失败的评估，而这种评估是通过对绩效进行一系列连续测量，转变成确实能够辨别的成功或者失败的测量(March,1988)来实现的。简单地说，就是用一定方法测量绩效，借此来区别个体或者组织的成功或者失败。因此，预期水平通常用来作为区分感知成功或者失败的分界线，并且也是决策制定中怀疑和冲突的起始点(Lopes,1987)。

组织的预期和个体的预期定义类似。组织预期是指组织具体活动所产生的绩效水平。对于企业或者组织来说，设定其目标或者预期是十分重要的，尤其是对于组织的决策制定和战略计划的制定影响深远。组织预期的作用也早就被管理学者所指出，管理者通常通过确定其组织的目标来明确其战略发展的方向，评估之后的管理活动或者战略活动是否成功及促进组织绩效进一步提升。

2.3.2　组织预期的测量

纵观有关组织预期的研究，很多学者提出了组织预期的测量方法，本部分重点回顾这方面的内容。公司行为理论定义了组织目标的三个决定因素——组织联盟的构成、决策者的劳动分工、组织面临问题的定义；同时也定义了组织预期水平的决定因素——组织过去的绩效、组织过去的目标、其他可以比较的组织过去的绩效。而组织预期的形成就是组织过去目标、过去绩效和其他可比较组织过去绩效的权重函数，后来学者又进一步演化出基于历史水平的组织预期和基于社会水平的组织预期。

Cyert & March 是最早提出有关组织预期的测量方法的，只是当时是在讨论有关组织学习时提出的，正如前文文献回顾所指出的。

$$G_t = a_1 G_{t-1} + a_2 E_{t-1} + a_3 C_{t-1}$$

其中，G 代表组织的目标，E 代表组织的经验，C 则代表能够与组织相比较的其他可比组织目标的经验，$a_1 + a_2 + a_3 = 1$ 。a_1 和 a_2 表示组织面对其经验时，能够修正其目标的速率，a_3 表示组织面对竞争者或能够与组织相比较的其他可比组织的绩效的敏感程度，并且 a_3 的值会因为相关组织经验超过或是低于组织目标而不同。

在 Cyert & March 之后，研究者也不断拓展有关组织预期的研究方法，具体的测量方法可以分为四类：① 基于权重系数的最优模型；② 指定一个负的不连续参数；③ 将社会比较和历史比较相分离；④ 社会比较与历史比较的交互作用。

(1) 基于权重系数的最优模型

Greve(2002,2003a)的文章是基于权重系数的典型代表，他延伸了 Cyert & March 的方法，如下：

$$A_t = a_1 A_{t-1} + a_2 H_{t-1} + a_3 S_{t-1}$$

其中，II 与 S 分别代表组织预期的历史绩效比较和社会绩效比较，a_x 是所谓的权重，t 代表时间。

Greve(2003a)在相关主题的研究中,也进一步演化了这种方法,他采用 ROA 作为企业绩效的测量变量。

$$A_{ti} = a_1 SA_{ti} + (1 - a_1) HA_{ti}$$

$$SA_{ti} = (\sum_{j \neq i} SA_{tj}) / (N - 1)$$

$$HA_{ti} = a_2 HA_{t-1,i} + (1 - a_2) P_{t-1}$$

其中,t 代表时间,i 和 j 代表企业,A 代表组织预期,HA 代表历史比较水平,SA 代表社会比较水平,Greve 经过极大似然估计,最后赋予 a_1 值为 0.8,a_2 值为 0.2。

(2) 指定一个负的不连续参数

Greve(1998)在研究广播行业的战略变化时,运用学习理论来检验绩效反馈是如何影响组织之后的风险性战略变化的,其实证分析的结果显示绩效相对于社会和历史预期水平的下降对战略变革的作用十分明显。Greve 采用样条函数的方法来测量预期水平,样条函数的估计的关键点在于变量系数会变化。

(3) 将社会比较和历史比较相分离

Iyer & Miller(2008)从行为理论角度探索了企业并购的时机,聚焦于绩效差距、冗余资源及 Z 值预警。他们测量组织预期的方法是将组织预期分为两个代理变量,一个基于公司自身以前的绩效(历史预期),另一个基于公司所在行业内其他企业的绩效(社会预期),类似的研究方法也存在于 Miller & Chen(2004)、Chen & Miller(2007)、Lim & McCann(2013)的研究中。

(4) 社会比较与历史比较的交互作用

Baum et al.(2005)研究了加拿大投资银行证券承销集团的网络连带,并且检验了在哪种情况下组织决策者更倾向于接受非本地化伙伴连带所带来的风险和不确定性。Baum et al. 除了单独研究社会比较下的绩效差距、历史比较下的绩效差距会如何影响其非本地化伙伴连带的选择之外,还研究了社会比较下绩效差距与历史比较下绩效差距的交互作用会对非本地化伙伴连带的选择产生怎样的影响。

回顾组织预期的测量方法，是研究绩效反馈(performance feedback)或绩效完成差距(performance attainment discrepancy)的前提和基础。绩效反馈或绩效完成差距就是企业实际绩效与企业预期水平之间的差额，如果企业实际绩效高于预期水平，则为正绩效反馈或者绩效完成差距为正；如果企业实际绩效低于预期水平，则为负绩效反馈或者绩效完成差距为负。有关绩效反馈的文献研究我们接下来会进一步深入总结和梳理。

但是这样的有关组织预期的四种测量方式研究仍然存在缺陷，因为我们并不知道哪种测量方式更为优越，哪种测量方式相对较弱。学者有关组织预期的测量方式仍然没有一个统一的标准。然而这样的状况，直到最近有了突破，Bromiley & Harris(2014)在 Strategic Management Journal 发表了有关组织预期测量模型的比较研究，解决了这一问题。Bromiley & Harris 认真归纳和总结了现有有关组织预期及绩效反馈的测量方法，并且将其归纳为三种模型：权重平均模型(Weighted Average Model)、独立模型(Separate Model)、转换模型(Switching Model)。然后他们采用三种模型分别进行了实证研究，比较了三种模型的优劣，通过研究发现独立的历史和社会预期模型要稍稍优于历史和社会预期转换模型，而独立模型和转换模型要比权重平均模型都更为优越，因此总的来说，选择独立模型最为合适，并且也最符合 Cyert & March 的初始模型。

2.3.3 组织预期的前因、结果及调节变量

组织预期的研究是公司行为理论研究的重要热点问题，很多文献都着重于研究这方面的内容。Shinkle(2012)在一篇关于组织预期的文献综述中，总结了现有组织预期的前因变量、结果变量及调节变量，如图 2-2 所示。

1. 组织预期前因变量

Shinkle(2012)将研究组织预期的前因变量归纳为四大类：组织绩效、内部因素、外部因素及时间因素。其中组织绩效是学者研究较多的方面，尤其是有关基于组织预期的社会比较差距及历史比较差距，是研究的重点。但是究竟是社会比较的差距，还是历史比较的差距，会对组织预期的影响更为突出，日前研究还没有统一的定论。

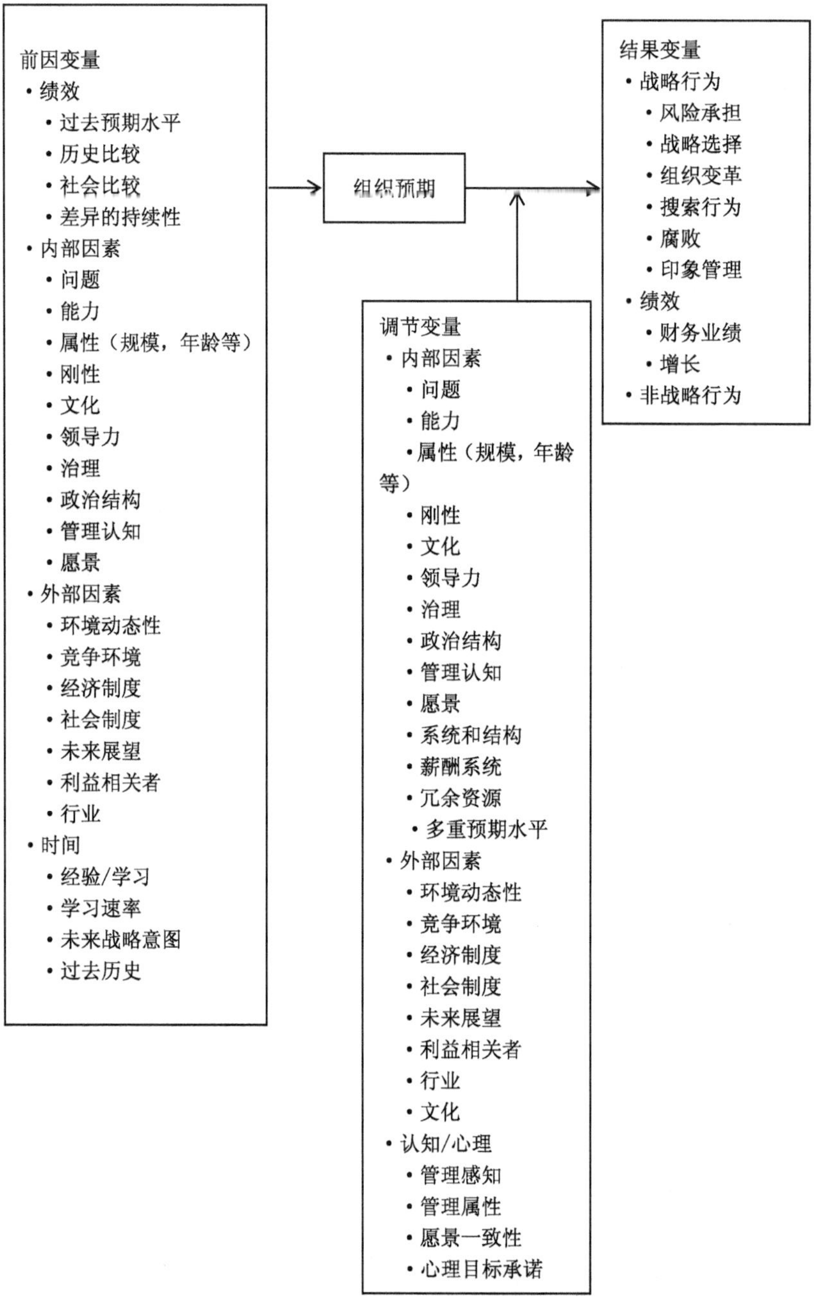

图 2-2　组织预期研究的前因、结果及调节变量

（资料来源：Shinkle(2012)有关组织预期的综述研究）

组织预期前因变量重要的部分来自于组织内部和外部诸多因素。Gooding et al.(1996)运用前景理论来探索风险与回报关系，他们采用单一固定参照点——行业中值，来定义两种决策情境：收入和损失。Short & Palmer(2003)采用内容分析法，分析了餐饮业 119 位 CEO 每年给股东的信，讨论了组织属性(规模和年龄等)会影响参照点的选择。此外，Audia & Greve(2006)的研究认为资源也会影响组织预期的选择。Baum & Locke(2004)认为领导力和自我效能感会影响组织预期。值得一提的是，Shinkle(2012)在总结组织预期前因变量时，着重提到了外部因素中的环境动态性、竞争情境、经济制度等，而这些因素在实证研究中，尤其是当结果变量是研发搜索时，尚需要进一步研究。

时间和适应性是组织预期前因变量的另一个重要方面。基于时间的视角和不断调整的机制是决定预期水平的重要方面，组织预期的调整既受到基于过去的投入因素的变化和未来期望的变化影响，也受到组织历史的限制和未来战略意图的限制。因此，经验学习和基于未来期望所进行的不断修正的战略选择会影响组织预期的选择，此外，管理者感知环境变化的能力等也是影响组织预期调整的重要因素。

2. 组织预期结果变量

实证研究中，组织预期的结果变量往往是研究组织预期实现差距的结果。正如图 2-2 所示，结果变量可以分为战略行为、绩效、非战略行为三类。总的来说，不论理论基础是基于公司行为理论、战略参照点理论，还是安索夫战略管理观，都倾向于认为较高的组织预期实现差距会激发组织努力去减少这样的差距，进而采取某些战略行为、变革或是风险承担。战略行为可以包含风险承担、战略选择、组织变革、搜索行为、腐败及印象管理等。绩效可以指财务绩效，也可以指增长(Baum et al.,2004;Greve,2008)。非战略行为的研究如金融虚报(Harris et al.,2007)和公司不合法行为(Mishina et al.,2010)。

3. 组织预期调节变量

Shinkle(2012)同样总结了影响组织预期与其结果变量之间关系的调节变量，概括为内部因素、外部因素和认知与心理因素。以内部因素作为调节变量的研究有很多，针对影响的结果变量不同，也有不同的调节变量，如冗余资源、管理者教育水平、组织形式、CEO和外部董事的股权激励等等。外部因素的调节变量如环境动态性、行业等等。

2.3.4 组织预期研究简评

本部分在前人研究的基础上，详细阐述了有关组织预期研究的内涵、理论基础、测量、前因、结果及调节变量等。组织预期的研究可以说是公司行为理论这个宏大理论视角下“皇冠上的明珠”，众多公司行为理论研究的文献都是与组织预期相关的。目前的研究领域中，学者普遍对组织预期的内涵有了较为一致的认定。但是对于组织预期的理论基础，仍然存在较多的理论视角解释，尽管现有文献大都采用公司行为理论作为研究的理论基础。但是不可否认，战略管理观和战略参照点理论的视角和基本假设前提，也为组织预期的研究提供了很多可供发展的领域，比如它们都对外部环境较为关注，这对于研究企业基于经营环境来调整其组织预期水平是十分必要的，环境动态性、环境敌对性、环境复杂性等因素都有可能形成动态变化的组织预期。其次，现有组织预期的测量研究，仍然较为混乱，尽管已经有学者进一步总结了三种组织预期的测量模型，并且也比较了其优劣，但是这样的研究成果也并没有得到进一步的推广。再次，尽管Shinkle(2012)总结了组织预期的前因、结果及调节变量，但是这些总结过程过于高度概括，没有进一步探索其中的差异性在哪里，比如针对某一类型的组织预期前因与结果变量关系的研究目前进度如何。不同组织预期的前因、结果及调节变量的作用机制可能会存在较大差异，并不具有普适性，目前仍然缺乏较为细分的总结。

2.4 绩效反馈研究综述

前面的两节内容，我们重点回顾了公司行为理论和组织预期研究的有关内容，本小节我们主要总结和梳理绩效反馈研究的有关内容。公司行为理论是绩效反馈研究主题的理论基础，而组织预期又是定义并且测量绩效反馈(performance feedback)，或者是绩效完成差距(performance attainment discrepancy)的重要前提，因此我们在回顾公司行为理论和组织预期研究的基础上来进一步揭示绩效反馈这一研究主题。

2.4.1 绩效反馈的内涵及测量

1. 绩效反馈的内涵

企业行为理论视角研究的核心内容就是绩效反馈对战略行为的影响研究（Gavetti et al.，2012）。绩效反馈是指组织的管理者利用已经设定好的组织期望绩效水平来评估其绩效，而组织期望绩效是组织管理者认为可接受的最低水平的绩效（Greve，2003），因此绩效反馈就是组织绩效与其期望绩效水平之间的差距。当组织绩效低于其期望绩效水平时，通常称作负绩效实现差距，简称负绩效反馈；而当组织绩效高于其期望水平时，通常称作正绩效实现差距，简称正绩效反馈（Lim & McCann，2013a）。

绩效反馈不仅仅依赖实际绩效与期望绩效水平的差距，更取决于组织期望绩效。Cyert & March 认为组织期望绩效是自身以前绩效、历史期望绩效以及与参照组其他组织比较绩效的函数。因此，期望绩效可以分为历史期望绩效（historical aspirations）和社会期望绩效（social aspirations），分别作为组织比较绩效的参照点（Shinkle，2012）。进而绩效反馈又可以进一步细分为基于自身绩效比较的负历史绩效反馈和正历史绩效反馈，以及基于与同行绩效比较的负社会绩效反馈和正社会绩效反馈。此外，也有学者合成了历史和社会期望绩效作为期望绩效（Bromiley et al.，2014），那么绩效反馈可以简单分为负绩效反馈与正绩效反馈。近年来，期望绩效的测量方法也体现出绩效反馈的差异。一方面，现有研究大都是实证导向的，聚焦于财务绩效作为期望绩效的测量，如 ROA、ROE 或者 ROS 等；另一方面，也出现了一些更具方向性的非财务目标可作为期望绩效的测量，如新产品绩效、创新、企业规模和增长等指向某一具体目标的研究。

2. 绩效反馈的测量

绩效反馈的内涵本质上就是组织绩效与其预期水平的差距，因此其测量在很大程度上取决于组织预期的测量。目前学者较为常用的处理绩效反馈的方法是通过设定一个参数 I_1，令 $I_1 = 1$ 表示组织绩效低于历史预期水平或者社会预期水平，那么 $1-I_1$ 就表示组织绩效高于历史预期水平或者社会预期水平（Chen et al.，

2007；Iyer et al.，2008；Lim et al.，2013a）。

企业行为理论视角的“经典”绩效反馈模型认为，当绩效低于期望绩效水平时，会激发问题搜索，企业会寻求变革；当绩效高于期望绩效水平时，企业会选择维持现状，或做较少的改变（Greve，2003）。这类主题研究重点关注绩效反馈是如何影响企业战略行为的，包括R&D投入、企业风险及并购等。近年来学者一方面遵循绩效反馈模型的经典假设，努力拓展绩效反馈研究的适用范围；另一方面又逐渐放松假设（relax the assumptions），发展了很多有关绩效反馈模型的理论适应情境。比如以往经典的绩效反馈模型假设绩效高于期望绩效时，企业不会进行变化，选择维持现状。但是O'Brien & Davi（2014）的研究基于日本企业会出于照顾利益相关者的角度，在绩效高于期望绩效水平时，其也会做出增加研发投入的风险性行为。以往的研究认为管理者基于历史期望绩效和社会期望绩效的比较会做出相似的战略行为，但是Kim，Finkelstein & Haleblian（2015）有关绩效反馈与并购的研究发现管理者可能对历史期望绩效的解释和对社会期望绩效的解释是不同的，因此可能会激发不同的并购行为。以往绩效反馈的研究主要关注绩效反馈对某一具体领域的整体意义上行为影响研究，如创新、并购等，但是并没有指出企业是如何根据绩效反馈选择该领域行为的方向的。Greve & Zhang（2016）对于并购的研究提出企业绩效反馈对战略行为的影响，不仅要关注对并购的影响，而且要探索绩效反馈对不同倾向并购行为的影响。Jeon，Dussauge & Phelps（2017）的研究也指出现有绩效反馈研究缺乏对具体组织变革方向的研究。以往研究并没有区分历史期望绩效与社会期望绩效对管理者的相对重要程度，但是Tarakci et al.（2018）的研究指出中层管理者更关注社会比较，而不是历史比较，据此做出发散型战略行为。以往绩效反馈模型缺乏考虑认知作用，不管是作为解释绩效反馈与战略反应关系的机制，还是作为重要的情境因素。近年来的研究更多考虑管理认知过程，将其作为解释机制和情境变量。如Greve & Zhang（2016）在研究绩效反馈与企业并购时也发现董事会不同团体的市场认知和政府认知会影响其在绩效反馈后的并购行为。总之企业行为理论的视角，尤其是绩效反馈模型是在不断发展的，Audia et al.（2017）在*Academy of Management Proceedings*中也进一步讨论了企业行为理论的新模型等问题。

2.4.2 绩效反馈相关研究

绩效反馈基于组织预期，所以绩效反馈的实证研究大都和组织预期的研究相关。我们总结了从1955年到2019年管理学顶级期刊AMJ、SMJ、AMR、ASQ、MS等上有关绩效反馈的研究。

Simon（1955）是最早采用行为理论，基于组织历史预期来论述绩效反馈对战略选择的影响的，他指出选择机制必须考虑到信息状态和决策者的环境特征。此后Cyert & March在总结前人研究的基础上，介绍了公司行为理论的基本概念和核心思想（见前文文献回顾）。Simon（1964）又进一步发展了组织目标的概念，认为组织目标能够刻画一个组织并且组织目标有助于定义一系列组织行为。Manns & March（1978）将公司行为理论应用到斯坦福大学课程设置的研究中，研究斯坦福大学财政多样化与课程变化之间关系，指出大学是一个部门间相互竞争资源的适应性组织。这些早期的绩效反馈理论研究都为之后学者深入开展绩效反馈的实证研究提供了基础。

总结学者有关绩效反馈的研究，发现学者所采用的理论基础大致可以分为公司行为理论、战略参照点理论、心理学等，仍以公司行为理论为基础的研究居多。Gavetti et al.（2012）在关于组织预期的综述中总结了绩效反馈研究的相关内容。Jones & Kashlak（2001）采用战略参照点理论研究美国烟草行业经历的社会和政治动荡，烟草公司面对动荡环境纷纷采取多样化努力。研究从战略参照点理论提供了产品和国际多样化的解释，并且认为行业领导者和行业落后者会承担更多战略风险，而接近行业中值绩效的企业则倾向于承担较少风险。Baum & Locke（2004）研究指出创业特征和技巧及情景化动机会促进创业企业增长，愿景及自我效能感影响目标，CEO特征也产生间接影响。Panagiotou（2007）采用战略参照点理论，研究得出战略集团是战略管理核心主题，集团领导者往往是战略集团的参照点。Kiesler & Sproull（1982）虽然没有以公司行为理论作为基础，但是其研究从社会认知理论出发，仍然在探索组织预期和绩效反馈对行为的影响，通过社会认知过程研究问题感知行为，预期水平激发行为。其研究从心理学和社会学视角出发，对于公司行为理论研究是重要的补充。Lant & Shapira（2008）从心理学出发，认为绩效目标与之后的行为关系取决于企业对未来事件期望的关注度及满足组织目标的内部因素。

1. 绩效反馈的结果变量

绩效反馈的结果变量也可以大致分为战略行为、非战略行为和绩效。

有关风险承担的研究如下。Fiegenbaum & Thomas(1986)从社会预期出发，检测了 Bowman 风险回报关系模型。Singh(1986)的研究认为组织决策中组织绩效与风险承担关系，当绩效低于可接受水平时为负；通过组织冗余和分散化发挥中介作用。March & Shapira(1987)认为管理者会承担风险，存在风险偏好，指出三种管理者承担风险的方式。Fiegenbaum & Thomas(1988)则强调参照点、目标、收入水平在分析风险选择行为时的作用。回报低于目标，风险寻求；回报高于目标，风险规避。March(1988)的研究指出风险偏好根据适应性的组织预期而不同，长期和高于平均的回报比固定的组织预期效果更为明显。从 Bromiley(1991)的研究开始，公司行为理论的学者对于绩效反馈的构造，不再是单纯地基于社会预期和历史预期水平，而是采用了更为多样化的方式。Bromiley 在以往研究的基础上，采用调整的社会预期加 5%，来作为绩效反馈构造的基础，研究组织风险承担的决定因素，过去绩效和其他因素影响风险承担，风险承担和其他因素影响未来绩效。Wiseman & Bromiley(1996)也采用高于社会预期 5%绩效水平作为构造绩效反馈的基础，延伸了 Bromiley 单一的绩效差距测量。Fiegenbaum & Thomas(1995)采用纵贯、动态视角，描述战略集团成员的驱动力和结构演化，战略集团成员形成竞争战略时，战略集团是一个参照点。而 Gooding, Goel & Wiseman(1996)则指出战略参照点绩效其实是高于行业中值绩效的，并且随着时间和各行业绩效不同而变动。公司绩效若高于参照点，则公司会风险规避；若低于参照点公司就会风险寻求。Miller & Leiblein(1996)利用行为理论，研究风险与回报关系，发展了一系列下行风险、回报及组织冗余的假设。McNamara & Bromiley(1997)针对商业决策中风险，运用战略、金融及行为决策理论来研究风险评估错误的可能的组织和认知因素。Palmer & Wiseman(1999)采用结构方程模型，发现组织和环境因素都会造成风险承担，支持了公司行为理论和代理理论，但不支持高阶理论。Deephouse & Wiseman(2000)认为风险和回报关系研究长期依赖于管理选择的参照基础模型，研究整合了代理理论、隐性合约理论和公司行为理论，在两种不同经济环境下对美国制造业公司进行了检验，建议采用多个框架解释风险回报关系。Lehner(2000)运用加权模型，对来自标准普尔数据库的企业进行研究，显示少数公司转向个人参照水平(代表最小风险水平)，当个人参照水平相对位置稳定时风险回报关系依然稳定。Denrell & March(2001)的加权模型则得出个人和社会系统经常是风险规避和拒绝变化的。缓慢的适应性会增加风险承担。Chatterjee et al.(2003)发展了风险管理和战略竞争优势的整合框架，对于竞争优势来说风险承担是必要的。Miller & Chen(2004)认为管理风险偏好模型允许管理者的注意力在生存和预期水平之间转换，研究发现影响风险和规模的变量跨绩效分类是不同的。绩效差的组织当接近破产时会增加风险；绩效高于预期水平时会寻求更低的风险。Audia & Greve(2006)基于行为理论、前景理论及风险理论，认为绩效低于预期水平与风险承担关系取决于边界条件，研究显示资源禀赋会影响决策者的风险容忍程度，进而影响绩效低于预期水平与风险承担关系。Audia & Brion(2007)研究决策者如何对不同绩效测量反应。Baum & Dahlin(2007)采用绩效反馈和经验式学习进行研究，组织如何向自己和其他人学习，取决于预期与绩效反馈之间的关系。Denrell(2008)将绩效和风险承担关系归因于绩效对风险偏好的影响。研究表明风险承担是适应性的副产品而非可变化的风险偏好所激发的精密选择。

有关组织变革或组织行为的研究如下。Levinthal & March(1981)从公司行为理论出发，研究组织历史预期，发展和检测通过了适应性搜索新技术的组织变革模型。Herriott, Levinthal & March(1985)则通过组织学习，发展了检测组织行为的渐进式经验学习模型。Lant & Montgomery(1987)通过行为理论和搜索理论，指出组织面临着复杂、模糊、动态的环境，适应性学习是生存和学习的关键。Grinyer & McKiernan(1990)认为预期引发的危机产生根本性变革，存在多来源和多种类的组织预期。Lant & Mezias(1992)和Lant, Milliken & Batra(1992)都关注组织学习模型的构建，运用管理学习框架，检验决策过程模型；在两种不同环境情境下过去绩效、管理解释和高管特征对战略重新定位的作用。Greve(1998)研究了预期水平的学习会导致相应组织变化。Ketchen & Palmer(1999)研究差绩效与之后的组织行为，行为理论和威胁刚性提出的差绩效和组织行为之间关系相反，作者进行了检验并且提出了支持行为理论的证据。Greve(2002)通过仿真模拟不确定环境下预期水平和战略变革关系:在不同环境不确定情境下预期水平的缓慢调整导致更高绩效;当低绩效组织被当前绩效最好组织代替后,预期的缓慢调整会占据主导位置;Greve(2003b)同样基于公司行为理论,认为投资产品资产是战略决策,会导致组织搜索和风险承担,并研究整合公司行为理论和风险理论,形成问题驱动和冗余驱动的战略变革,应用于产品资产的增长。Greve(2003c)在其书中详细阐述了绩效反馈理论及如何从绩效反馈中学习和变化。Baum et al.(2005)研究绩效反馈模型,当绩效低于预期水平时会选择非本地化的伙伴,当绩效高于预期水平时也会选择非本地化伙伴。Park(2007)指出战略变化是由预期、绩效及相对于参照企业的距离决定的。Shimizu(2007)将前景理论和组织层面的行为理论及威胁刚性相联系,探索组织层面哪些因素可以和个体层面相联系影响战略行为。Greve(2013)组织学者研究战略的动力、反馈、推断、期望。这些战略方面反映了有限理性决策者如何做出不同组织行为,同样是探索决策过程和问题的来源。

有关创新的研究如下。Bolton(1993)针对组织绩效与组织创新,即加入研发联盟的决策,采用美国 74 家高技术公司为样本进行研究,核心假设是公司创新倾向会随着组织绩效而变动,而不仅仅与公司固有属性(如规模、结构、领导力等)有关。Mezias & Glynn(1993)从结构视角检验公司革新,聚焦于组织惯例和规则,从制度、变革及演化战略等方面分析管理创新。Greve(2003a)认为低绩效导致问题式搜索,过多资源导致检索冗余。低绩效赋予管理者更高风险容忍度,会通过搜索和导入产品来追求创新。其第一次在文献中明确提出了冗余资源会导致企业增加研发搜索的假设,并且得到了实证支持。Chen & Miller(2007)基于行为理论研究研发搜索在破产、不同预期水平及荣誉情况下的不同。Massini,Lewin & Greve(2005)指出公司因为选择的参照组不同,其产生和采用的技术和组织创新速率会不同。选择欧洲和美国公司所采用的创新组织形式为样本进行研究,分析显示创新公司和模仿公司所采用的形式不同。Vissa、Greve & Chen(2010)探索组织形式对问题式搜索的影响,比较印度从属于商业集团的公司和不从属于商业集团的公司如何评估绩效及通过调整内部技术搜索和外部市场搜索来作出反应。Gaba & Joseph(2013)检验了 M 型组织是如何在公司和商业单位层面应对差绩效做出战略行为的，并采用全球移动设备行业的新产品创新为样本进行研究，发现事业单位层面的差绩效会导致更多的新产品导入，而公司层面的对绩效问题的反应不会导致更多的新产品导入，但是这种负效应会被战略显著的事业单位所缓解。Lee，Choi & Bae(2014)指出绩效反馈模型已经被用于企业获取外部知识领域中，包括在大学和研究机构。以往研究认为基于历史预期和基于社会预期的搜索行为是一致的，现研究者认为对于远距离搜索来说历史预期的作用要比社会预期的作用大，并且检验了历史预期和社会预期的交互作用。Ref & Shapira(2014)检验了绩效相对于预期水平和接近生存水平时，对于产品和地域多元化决策的作用，结果显示当绩效低于预期水平时，绩效离预期水平越近，企业越可能多元化到新产品和新的地域市场去；但是当接近生存水平时，多元化到新市场的可能性会降低，而多元化到新产品的可能性不受影响，因此接近生存水平对企业多元化到新产品和新地域市场的倾向影响不同。当绩效高于预期水平时，企业更可能多元化到新产品和新地域市场，但是这种倾向到一定点时就会逐渐下降。Alessandri & Pattit(2014)探索组织冗余、绩效相对于预期水平及 Z 值预警(接近破产)对研发投入的影响，管理激励会调节行为理论变量与研发投入之间的关系。Patel & Chrisman(2014)采用风险治理模型，提供了家族企业相比于非家族企业来说，较少从事研发行为的解释。当绩效超过预期时，家族企业通过利用式的研发投入，追求较少的风险；当绩效低于预期水平时，进行探索式研发投入，追求较高风险。国内学者王菁、程博和孙元欣(2014)对制造业上市企业的期望绩效反馈与研发、慈善捐赠行为关系进行了研究。梁杰、谢恩和沈灏(2015)研究了绩效反馈对战略变化的影响，其中包括企业研发行为。严若森、叶云龙和江诗松(2016)研究了企业行为理论视角下的家族企业异质性、R&D 投入与企业价值的关系。刘丝雨、吴志岩和许庆瑞(2016)深入探讨了管理者后顾式、问题导向组织搜索行为是如何实现能力重构的。陈昕、谢恩和李瑜(2016)研究了绩效反馈对国有企业研发投入的影响，并探讨分析师覆盖与外部董事两类治理机制对这一影响的调节作用。贺小刚、连燕玲和吕斐斐(2016)探讨业绩差距与企业家创新性活动和破坏性活动之间的关系，其将企业家创新性活动总括为研发支出增量、开发投入增量和专利增量等的因子。贺小刚、朱丽娜、杨婵和王博霖(2017)也检验了经营困境下的企业变革，包括研发。刘建国(2017)

检验了负绩效反馈对企业创新决策、创新投入和创新产出的影响，并且指出制度逻辑的存在影响了企业的创新实施，绩效衰退时民营企业比国有企业、集中的权力结构比分散的权力结构更容易做出创新决策。陈志军、郑丽和马鹏程（2018）关注期望绩效下滑与子企业创新行为的关系，以及在外部市场融资难、成本高的制度环境下，母企业财务状况与母子企业控制层级对绩效下滑子企业创新变革的影响。李溪、郑馨和张建琦（2018）探讨了期望落差持续性和范围性对企业研发创新的影响。

然而研究在实证结果上也存在不一致性结论。如 O'Brien & Davi（2014）的研究指出日本企业在绩效低于期望水平，即负绩效反馈下会增加研发，在正绩效反馈下也会因为帮助利益相关者而增加研发。也有学者进一步拓展了关于绩效反馈模型与研发关系更为丰富的研究。Lucas，Knoben & Meeus（2018）聚焦于历史期望绩效与社会期望绩效反馈的不一致性对研发投入变化方向的影响，研究发现一致负绩效反馈信号会扩大研发投入，而行业比较的低绩效与自身比较的高绩效之间的不一致会减少研发投入，但是行业比较的高绩效与自身比较的低绩效之间的不一致性却没有发现对研发投入产生影响。吕迪伟、蓝海林和陈伟宏（2018）则关注长期绩效与短期绩效落差结果之间的不一致性对研发强度的影响。Xu，Zhou & Du（2019）指出中国企业低绩效会进行异常性风险行为，如行贿；而高绩效企业会进行基于长期导向的研发行为。

对于新产品创新的影响研究如下。Greve（2007）研究了绩效下滑与探索式产品创新和利用式产品创新的关系，发现绩效下滑后组织会显著增加利用式产品创新和探索式产品创新的速率，并且绩效下滑对利用式产品创新影响大于对探索式产品创新的影响。Ref & Shapira（2014）检验绩效相对于预期水平和接近生存水平时，对于产品和地域多元化决策的作用。

对于技术搜索的影响研究如下。Operti，Carnabuci & Kovacs（2011）研究社会创新绩效反馈对技术搜索的影响，发现正社会期望创新绩效反馈会使企业做出利用式技术搜索，而负社会期望创新绩效反馈会使企业做出探索式技术搜索。然而研究仅仅指出了基于社会期望水平的绩效比较如何影响创新行为，缺乏更为全面的对绩效反馈模型的研究。Eggers & Kaul（2018）的研究指出管理者在绩效反馈下对根本性技术的追求在动机和能力上存在差异。当绩效中等程度低于期望绩效水平时，管理者追求根本性技术创新的动机最强；当绩效继续低于中等程度期望绩效水平或高于期望绩效水平后减弱，发现能力随着绩效提升而增强会导致能力和动机不匹配；当绩效中等程度低于期望绩效水平时企业对根本性创新进行过渡投资，而当绩效高于期望绩效水平时投资不足。除此之外，还探讨了技术多样化对绩效反馈与根本性创新关系的调节作用。Yu，Minniti & Nason(2019)关注负绩效反馈持续性对创新搜索宽度和广度的影响。

学者对于绩效反馈与产品创新、技术搜索的关系研究部分体现出了企业创新行为研究的方向性，但是仍然发现结论存在不一致性。如 Greve(2007)认为绩效(ROA)下滑后企业会同时进行探索式创新和利用式创新，利用式创新的程度更高。而 Operti，Carnabuci & Kovacs(2011)的研究指出企业在社会比较后的低绩效(创新绩效)时会进行探索式创新，社会比较后的高绩效时会增加利用式创新。Eggers & Kaul(2018)认为绩效反馈都会导致企业追求根本性创新，当绩效低于中等程度期望绩效水平时企业对根本性创新过渡投资，而当绩效高于期望绩效水平时投资是不足的。Yu，Minniti & Nason(2019)认为长期低绩效对创新搜索宽度和广度的影响是非线性的。这些不一致的研究结论也促使我们更为深入和全面地认识绩效反馈与不同导向创新行为的关系。

有关绩效或者增长的研究如下 Kolvereid(1992)的研究指出过去增长与增长预期相关。Lant(1992)构造绩效反馈的加权模型，认为组织目标的形成过程是个人和高管团队一起演化的过程。March & Shapira(1992)认为学习速率的社会预期不同于历史预期。Mezias，Chen & Murphy(2002)指出以前的预期水平和绩效差距对当前预期水平影响是正向显著的。Wiklund & Shepherd(2003a)、Wiklund & Shepherd(2003b)运用计划行为理论分析小企业增长预期和实际增长之间关系，二者之间正相关，并且管理者教育、经验及环境动态性正向调节这种关系。Greve(2008)研究管理者持续关注目标，并且将预期水平应用到每个目标，通过社会比较形成规模目标，探索绩效和规模目标如何影响增长。

有关并购的研究如下。Iyer & Miller(2008)将绩效反馈的研究应用到并购主题中，研究绩效对预期水平、冗余和破产的作用，根据美国制造业 1980—2000 年的并购数据，发现当绩效低于预期水平时并购增加，相反则减少；冗余与并购正相关而金融困境会限制并购。Jung(2014)研究制度逻辑如何影响组织学习过程产生战略变化。当组织不能满足对预期水平冲突的需求时,决策者之间会产生强烈的不协调,导致阻碍了决策过程及战略变化;而当组织获得满意绩效时,决策者较少不一致,更可能寻求风险更大的解决方案。对于公共法律服务的承诺会调节经济绩效反馈与公司并购决策之间的关系。Kim, Finkelstein & Haleblian(2014)认为以前的绩效预期倾向于认为历史预期和社会预期的作用相同,研究提出这两种绩效比较会导致不同企业行为,并采用美国商业银行 1988—2005 年的并购数据,发现使用历史预期和社会预期时企业并购行为显著存在差异。以前并购绩效高可变性会加强相对低于历史和社会预期水平的并购绩效和企业作出并购的可能性之间关系,但是会减弱与相对高于预期水平时的并购绩效之间关系。

其他方面的研究如下。Knudsen(2008)从社会比较参照组的视角出发,研究参照组的敏感性和群体效应,认为可变化的战略风险要比固定风险好。从心理学视角出发,认为绩效目标与行为的关系取决于企业对未来事件期望的关注及满足组织目标的内部因素。Labianca et al. (2009)专注于社会预期的研究,指出社会比较的两种形式:竞争和奋斗。竞争是和当前竞争者相比较;奋斗式的比较是与那些为未来奋斗的组织相比较。研究也检验了这两种比较的交互作用对组织变化的作用。Chrisman & Patel(2011)的研究指出家族企业要比非家族企业进行较少研发投入,当家族企业长期和短期的目标与企业经济目标不同时更明显。当绩效低于预期水平时,家族企业目标和经济目标趋向于一致。Greve(2011)也比较了大企业和小企业对绩效有不同的反应,因为风险偏好和内部刚性不同。Hu, Blettner & Bettis(2011)在早期适应性预期模型基础上,加入新风险偏好函数和设定参照组的可选择战略,运用仿真方法进行研究,对管理目标设定意义重大。Arora & Dharwadkar(2011)指出代理理论和 CSR 的关系依赖于由冗余水平和绩效差距所带来的对于绩效的满意程度。Gaba & Bhattacharya(2012)认为创新相关的管理预期是企业利用 CVC 投入研发的动力,研究结论认为当创新绩效接近社会预期水平时,企业更可能采取而不是终止 CVC。Madsen(2013)针对组织预期的前因变量较少有人探索的问题,研究了几个组织预期更新的现有模型理论基础,假设决策者的未来绩效预期在预期更新中扮演重要角色,所有主要的预期更新决定因素对预期更新过程，在绩效高于预期水平和绩效低于预期水平情境下，有不同影响。Siallagan et al.(2013)提出一个预期基础模型来平衡组织学习的探索式和利用式。Bromiley & Harris(2014)比较了三种不同的组织预期模型，使用六种绩效测量方式，对三种不同公司层面的结果变量进行分析，结果显示支持独立的历史预期和社会预期更好。Nielsen(2014)的研究指出绩效信息推动学习并且影响组织反应。应用绩效反馈模型于公共部门情境，当绩效低于预期水平时公共管理者增加目标的优先级，公共组织追求多样的民主竞争目标。Madsen(2014)认为组织决策文献聚焦于预期水平而忽略目标维度的决定因素。其研究假设两种不同组织问题：环境扫描问题和绩效问题，会促使组织采用新目标而放弃旧目标。Hu(2013)研究组织惯例是什么，如何形成及变化，以及对绩效反馈的影响，同样探索组织绩效反馈在个体、工作团队及组织层面如何影响组织惯例。

Ertug & Castellucci(2014)检验了声誉和地位是如何影响企业追求不同目标时的价值判断的，发展了框架解释组织对资源提供者的评价。Moliterno et al.(2014)认为绩效比较来自企业当前绩效与自己以前绩效、其他可比组织绩效的比较，即历史比较和社会比较，针对社会绩效比较较少在理论和实证上得到发展的理论空缺，其利用社会心理学文献，提出两种组织决策者采用的社会绩效比较：向上比较聚焦于“高绩效阈值”作为最高绩效水平，和向下比较聚焦于“参照组阈值”且组织绩效与参照组相比低于参照组绩效，而且提出了新的更为完整的绩效比较方法。采用德国足球职业联盟1992—2004年的数据，得出组织具有向上和向下两种绩效目标，并且相对于历史基础的社会预期水平的绩效比较在激发组织变化时作用明显。Lim(2014)从行为决策理论出发，研究CEO限制性股票价值相对于参照点的高低情况如何影响高技术企业的研发搜索：负差距会增加研发而正差距会减少研发，并且负差距比正差距作用更大。采用CEO二元性和董事监督作为调节变量，结果显示主效应在CEO二元性情境下会增强，而在高董事监督情境下会减弱。Blettner et al.(2014)以德国杂志行业1972—2010年的数据为样本，采用递归反馈模型来解释组织适应性预期中对不同参照点的注意力分配差异性。研究发现在杂志早期的生命周期里，组织更多倾向于聚焦自身的预期，但是当面临破产边缘时，组织会增加对竞争对手绩效的注意。绩效反馈的研究也进一步延伸到企业不合法行为这些非战略行为的研究上，Desai(2014)的研究指出绩效评估提供判断企业从事不合法行为的动机的方法，决策者需要机会去从事不合法行为，管理者面对组织绩效远远偏离组织期望时，更有可能从事不合法行为。

2. 绩效反馈的调节变量

Miller & Leiblein(1996)在研究风险与报酬关系时将冗余资源作为组织反应的调节变量。Wiklund & Shepherd(2003a)运用计划行为理论发展了一个小企业增长预期和增长实现水平的模型，运用层级回归实证检验了小企业管理者希望拓展其商业活动的预期和其实际增长正相关，小企业管理者的教育水平和经验以及商业环境的动态性会正向调节小企业增长预期对实际增长的作用。Audia & Greve(2006)的研究认为资源也会影响组织预期的选择，组织资源禀赋是重要的调节变量。Desai(2008)认为那些在低绩效情形下愿意承担风险的组织，是通过风险承担来保持竞争力，适应环境变化，进而提升绩效的。组织的经验和社会合法性会调节低绩效与风险承担之间的关系。Vissa et al.(2010)研究了组织形式对问题搜索的作用，对比了隶属于商业集团的公司和未隶属于商业集团的公司是如何评估绩效和进行内部技术搜索和外部市场搜索的。隶属于商业集团的公司在设定预期水平时更加具有外部导向，并且更可能对低绩效做出反应。他们的研究指出组织形式和治理是影响绩效差距与搜索行为关系的重要调节变量。Lim & McCann(2013b)从公司行为理论和行为代理模型出发，探索CEO和外部董事的股权激励对绩效反馈与研发搜索之间关系的调节作用。

Gooding et al.(1996)用跨时期的经济条件和行业作为绩效差距和风险承担关系的调节变量。Wiklund & Shepherd(2003)研究了环境动态性对组织预期增长和实际增长之间关系的调节作用。Mishina et al.(2010)研究了公司声誉对高绩效差距与不合法行为关系的调节作用。Levinthal & March(1981)构建通过搜索新技术来实现组织变革的模型，在环境不稳定和模糊情境下探索组织搜索战略、能力和预期之间的适应性，他们认为环境不确定性、外诱性变迁及学习速率会影响预期水平。Deephouse & Wiseman(2000)整合了代理理论、契约理论和公司行为理论，运用两种不同经济环境下的美国制造业样本，得出在动态环境下，绩效高于或者低于组织预期对企业风险行为影响不存在明显差异。Ben-Oz & Greve(2012)认为以往研究组织从绩效反馈中学习都聚焦于短期目标变量，他们同时研究分析短期和长期目标是如何影响短期和长期行为的，即绩效相对于长期预期水平影响潜在吸收能力，绩效相对于短期预期水平影响变现的吸收能力，并且分析了环境不确定性的调节作用。Lim & McCann(2013a)检验外部董事股票期权正差距对企业战略风险的作用，并且探索CEO的权利的调节作用。Fang，Kim & Milliken(2014)研究负绩效信息如何影响组织学习和未来绩效，认为组织成员并不总是真实报告他们的绩效水平，尤其是当绩效低于预期时，其扭曲信息的倾向从属于社会影响。组织拥有高度信息扭曲的时候绩效表现更差，而低信息扭曲时绩效会较好。Lin(2014)的研究指出组织冗余显著影响国际化过程，当企业拥有高冗余并且绩效低于预期水平时，管理者更倾向于迅速地、广泛地、不按规则节奏地进行国际化过程。Chuang & Yang(2014)指出绩效反馈对组织搜索的作用结论不统一，作者发展了绩效反馈的两阶段模型，探索行业技术知识网络如何形成组织对绩效反馈的反应。绩效预期激发组织动机改变和影响其技术搜索路径和方向，绩效预期与绩效搜索方向的关系受到组织在技术知识网络的位置和网络密度的调节。Joseph & Gaba(2014)检验了企业相对于多种预期水平的绩效评估，认为考虑时间因素的相对于多种预期水平的绩效比较会影响反馈的解释，进而形成企业的反应。Zhou et al.(2014)检验了核心企业相对于历史预期和社会预期的创新绩效对企业利用联盟知识的影响，及在何种程度上拥有相似内部知识能力的企业在利用外部联盟知识上有不同。并利用美国半导体行业的企业为研究样本，发现相对于历史预期差的创新绩效会增加联盟知识的利用，而相对于社会预期差的创新绩效对联盟知识利用的作用不显著。核心企业的内部技术能力会调节绩效预期与知识利用之间的关系。O'Brien & David(2014)的研究指出公司行为理论对研发搜索行为的影响需要考虑互惠和关系嵌入文化的影响，因为互惠和关系嵌入会影响搜索决策。当绩效高于预期水平时，互惠和关系嵌入导向的企业会增加研发搜索，当绩效低于预期水平时，互惠和关系嵌入导向的企业也会增加问题导向的研发搜索。研究发现关系型或交易型的所有权结构会调节绩效反馈与研发搜索之间的关系。

2.4.3 绩效反馈研究简评

前面我们总结了绩效反馈的内涵、相关测量方法以及从1955年到2019年的有关绩效反馈的研究。从绩效反馈的内涵来看，学者已经有了较为明确的界定，其中最为基础的就是企业的预期水平。从绩效反馈的测量来看，首先，由于绩效反馈的测量基本上是依赖于组织预期的测量，因为绩效反馈就是企业当前的绩效与其预期水平之间的差距。因此，绩效反馈的测量和组织预期的测量一样，仍然存在较多的测量方法。如何确定使用哪种测量方法最为有效，以及在哪种情境下使用哪种方法，目前的研究仍然没有一个统一的结论。不过我们仍然可以从 Bromiley & Harris(2014)的最新研究成果中确定出有关绩效反馈的最优模型。其次，目前学者对于绩效的测量方法也是多种多样，有采用ROA、ROE等财务指标的，也有采用市场指标的，也有根据具体的结果变量采用不同的绩效测量的，如针对并购、股东回报等。但是学者目前公认的采用最多的还是财务绩效——ROA。从绩效反馈的理论基础来看，尽管有战略参照点理论、心理学等理论基础，但是公司行为理论是应用最为广泛的理论基础。从绩效反馈研究的结果变量来看，大致和有关组织预期研究的结果变量分类一样，可以归纳为战略行为(如创新、并购、多元化等)、非战略行为(如CSR、财务造假等)和绩效(如增长等)。从绩效反馈研究的前因来看，目前还较少有研究关注产生绩效差距的原因。从绩效反馈的调节变量研究来看，直到最近的研究才有所涉及，并且逐渐引起学者的重视。

2.5 与本研究有关的其他理论

本部分主要回顾有关调节变量的理论基础，主要涉及代理理论、环境动态性、动态竞争理论及企业所有制的相关研究。

2.5.1 代理理论

代理理论源自于信息经济学，自提出以来一直都被很多领域所使用(Eisenhardt,1989)。代理理论的核心强调委托人和代理人的风险态度(Barney et al. ,1996),委托人通过赋予代理人一定的合法性,使其能够具有某些行动或决策的权利来为委托人的利益服务;而代理人则具备了委托人所不具备的某些信息。通常情况下,代理人比委托人拥有更多的能够控制委托人行为的信息优势,委托人和代理人之间的信息不对称使得代理人可能会利用其信息优势来进行某些自利行为,损害委托人的利益。解决委托代理问题的关键在于委托人能否使代理人按照委托人的利益采取行为(Tosi Jr et al. ,1989)。委托代理关系存在于现实社会的很多方面中,最为典型的就是代理理论领域,现有代理理论的委托代理关系存在于三个层面:股东与经理人、大股东与小股东、高层经理人与下级经理人。

Wiseman & Gomez-Mejia(1998)提出的行为代理模型成为研究管理层风险承担行为的经典模型。他们认为委托人通常是风险中性的,并且能够将其所持有的股份分散到多家公司,但是代理人往往是与其所在公司息息相关的,其就业保障和收入都只能来自于雇佣他们的公司,因此代理人在决策中是风险规避的,以期保障其财富。行为代理模型用损失规避的假设取代了传统代理理论风险规避的假设,损失规避的个体往往是基于要最小化对现有财富的损失来进行其行为的。行为代理模型也被公司行为理论的学者用来研究企业中不同代理人对待风险会采取的不同行为(Lim et al. ,2013a;Lim et al. ,2013b)。

我们认为代理理论的假设和内涵暗示了组织里不同目标和利益的行为人会做出不同的行为,为我们研究公司行为理论,尤其是绩效反馈与其结果变量关系,提供了重要的情境变量。

2.5.2 环境动态性相关研究

企业的外部经营环境一直都是管理学关注的重点。企业的任何活动,包括创新在内都是嵌入在特定的环境情境中的。权变理论认为,组织的过程必须符合其所在情境(Drazin et al. ,1985)。这表明一个因变量,例如绩效、组织行为等会受到多种自变量,例如组织文化、环境等的交互影响(Drazin et al. ,1985;Richard et al. ,2007)。环境动态性是创新文献中经常考虑的重要情境因素(Miller & Shamise,1996)。企业创新过程中关键的任务就是管理不确定性。Dess & Beard (1984)认为环境动态性就是企业外部环境变化的不可预测程度。Toh & Kim

(2013)认为环境动态性就是指企业并不确定知道世界是什么样的,并且将会走向何方。对于企业的研发搜索来说,企业经常会面临两方面的动态性——市场动态性和技术动态性(Anderson et al.,1990)。技术动态性和产品动态性都为技术多样化企业带来了较高风险和不确定性。技术动态性指企业对其技术能否成为行业内主导技术预期的不确定程度。企业决定采取哪种技术生产产品,取决于行业内占主导地位的技术(Polidoro et al.,2011),对新兴产业来说尤其突出。产品动态性指对企业产品既定需求的可变性,即需求的不确定性(Dowell & Killaly,2009),通常取决于顾客偏好的变动,或者顾客需求能多大程度得到满足。产品不确定性会随着经济周期或者制度变迁而改变(Huchzermeier et al.,2001)。

环境动态性在有关绩效反馈与其结果变量的研究中也经常被采用。Levinthal & March(1981)构建通过搜索新技术来实现组织变革的模型,在环境不稳定和模糊情境下探索组织搜索战略、能力和预期之间的适应性,他们认为环境不确定性、外诱性变迁及学习速率会影响预期水平。Deephouse & Wiseman(2000)整合了代理理论、契约理论和公司行为理论,运用两种不同经济环境下的美国制造业样本,得出在动态环境下,绩效高于或者低于组织预期对企业风险行为影响不存在明显差异。Wiklund & Shepherd(2003)研究了环境动态性对组织预期增长和实际增长之间关系的调节作用。Ben-Oz & Greve(2012)在研究短期绩效反馈和长期绩效反馈对不同维度吸收能力的影响时,探讨了环境动态性对绩效反馈与吸收能力关系的调节作用。

国内学者在研究创新方面也十分注重对环境动态性的考察。王永龙(2002)的研究阐述了动态复杂的环境与组织创新的互动性关系。周晓东和项保华(2003)指出企业的发展,包括组织创新等,应该与环境动态地匹配。钟竞和陈松(2007)探索了企业外部环境动态性对企业探索式创新和利用式创新取舍的影响。魏泽龙、弋亚群和李垣(2008)在有关动态能力影响探索式创新和利用式创新的研究中,检验了环境动态性对动态能力和两类不同创新方式关系的不同调节作用。沈灏和李垣(2010)研究了环境动态性对战略联盟依赖关系与创新绩效二者关系的调节作用。马文聪和朱桂龙(2011)的研究指出环境动态性会调节工艺创新与市场绩效的关系,并且也显著调节产品创新与市场绩效的关系。王凤彬和陈建勋(2011)的研究指出环境动态性调节变革型领导与组织绩效的关系。郭爱芳和陈劲(2013)指出环境动态性会调节科学、经验这两种学习对创新绩效的影响。总结国内学者关于环境动态性的相关研究,发现绝大多数研究都将环境动态性作为能够影响研究主效应的重要调节变量,尤其是有关创新方面的研究。这也为我们的变量选取提供了参考。

2.5.3 动态竞争理论

长久以来,公司行为理论从行为角度研究公司的战略行为、绩效及非战略行为。而动态竞争理论也是致力于企业竞争行为的研究,Chen & Miller(2012)认为动态竞争理论可以作为一个综合的框架,将企业的战略内容和过程、资源基础视角和市场视角、战略制定与实施及宏观竞争和微观行为视角相连接。动态竞争理论认为企业的行为是企业获取卓越绩效的前因,而公司行为理论则认为企业之前的绩效是否达到或者超过其预期水平是其采取战略行为、获取绩效等的前因。尽管公司行为理论的学者和动态竞争理论的学者都呼吁拓宽其研究的视角和领域。比如 Shinkle(2012)呼吁研究者关注不同的竞争情境如何影响组织预期水平及其强度,关注竞争和动态竞争对组织预期及基于组织预期的绩效反馈等的影响。Chen & Miller(2012)呼吁将动态竞争理论和代理理论相联系,而代理理论则涉及公司内部多种不同利益的行为人的行为动机,其中绩效是否达到或者超越组织预期水平是影响行为人或者决策者做出竞争行为的重要影响因素。然而,长久以来公司行为理论和动态竞争理论这两个研究企业战略行为的研究主题,却没有过多的对话,因此亟需探索这两种理论之间的关联及其可能存在的研究方向。因此本部分将回顾动态竞争理论的相关内容。

动态竞争是有关公司间竞争的研究,聚焦于公司及其竞争对手的竞争行为和反应、战略和组织情境以及竞争行为和反应等的前因和结果(Baum et al.,1996)。动态竞争理论主要探讨公司间如何相互竞争、为何公司采用某种或某些特定的竞争行为以及竞争行为如何影响组织绩效等。其根源可以追溯到熊彼特在 1950 年对创造性破坏的定义——是刻画公司在追求市场机会时对竞争对手做出的行为及反应的动态过程。动态竞争理论的基本特征包括:(1) 竞争通常是动态并且相互作用的，行为和反应的双方构成了竞争的主体；(2) 竞争聚焦于真实的行为，如新产品导入、研发投入及创新等等；(3) 公司和竞争对手的相互比较，例如竞争位置、竞争意图、竞争感知及拥有的资源是竞争分析的核心。

动态竞争理论的现有研究主题包括五个方面：(1) 行为基础的竞争互动；(2) 业务单元基础的战略竞争行为及其竞争行为的组合；(3) 基于企业层面的多市场及多业务竞争；(4) 综合竞争者分析；(5) 竞争感知。结合本书的研究，我们主要是探索公司间的研发互动情境对绩效反馈与公司研发搜索关系的影响，属于第一个研究主题，因此我们重点介绍以行为为基础的竞争互动。

以探索行为为基础的竞争行为及反应互动是动态竞争理论的主要研究方向。行为被定义为是由企业所发起的可以判断的具体的活动，例如新产品导入、进入新市场、研发投入等，这些行为对竞争对手的市场份额及收入等都会产生影响。结合本书所研究的结果变量，我们主要探索同一个行业内公司间的研发——这样的竞争活动所形成的整个行业研发竞争互动，作为一个情景变量的作用，具体见下一章节的假设详述。

2.5.4 企业所有制的相关研究

长久以来，战略管理的主流研究思想都是起源并且扎根于西方发达国家，较少关注发展中国家，尤其是新兴经济体的企业所有制问题(Peng et al.,2004)。因此我们特别关注新兴经济体中的国有企业。Peng, Tan & Tong(2004)指出国有企业、私营企业、集体企业及外资企业面临着不同的环境约束，国有企业管理者必须持续与政府打交道，私营企业得确保其在市场上能够生存，集体企业和外资企业面临政府监管和市场竞争。国有企业的管理者沉淀大量冗余资源(Child,1996;Tan et al.,2003;蒋春燕等,2004)，因为旧有体制的束缚，国企的管理者较少关注市场竞争，并且国有企业将政府看作是他们主要的资金来源、分销商、供应商。Arens & Brouthers(2001)、Tan(2001)以及 Peng, Tan & Tong(2004)都认为国有企业的管理者是传统、保守的。并且 Tan(2001)在比较研究中国国有企业的管理者和私营企业的创业者时，认为管理者在做风险决策时，相比于创业者，较少具有创新性，也不愿意承担风险。

国内学者也十分关注有关国有企业问题的研究，特别是国有企业创新问题。江诗松、龚丽敏和魏江（2012）通过对上汽国有企业和吉利民营企业的案例研究，发现所有权因素在后发企业的创新能力追赶过程中扮演重要角色，并且揭示了国企和民企的创新能力发展路径差异和影响机制。吴延兵（2012）指出国企的公有产权属性导致国企生产效率和创新效率低下。类似的研究也指出国企生产效率最低（刘伟等，2001；何枫等，2004；方军雄，2007；潘雄锋等，2010）。李春涛和宋敏（2010）的研究指出国企产权降低了 CEO 薪酬激励对创新的正向作用。周黎安和罗凯（2005）指出相比于国有企业，非国有企业规模与创新正相关。李新春（2000）指出尽管不能否认国有企业在创新方面的企业家精神，但是国有企业仍然深刻地受到主管部门及社会目标的制约和影响。

总结现有绩效反馈与其结果变量关系的研究，还没有从企业所有制角度考虑不同的企业所有制会如何影响绩效反馈与其结果变量的关系。研究企业所有制的影响对于绩效反馈相关研究跨文化跨制度的应用是十分重要的（O'Brien et al.，2014）。

2.6 本章小结

本章主要回顾了战略决策理论、公司行为理论、组织预期和绩效反馈的相关理论综述。最后也介绍了与本书研究有关的其他理论综述，包括代理理论、环境动态性、动态竞争理论及企业所有制的相关研究，为接下来进一步阐述研究的调节变量提供理论基础。

第三章 模型构建及研究假设

本章主要针对研究内容提出具体的假设。其中 3.1 是研发搜索的概念界定及测量。3.2 是基于公司行为理论和决策理论等的模型构建。3.3 是提出关于主效应绩效反馈与研发搜索关系的假设,我们认为除了传统意义上当绩效低于预期水平时,企业会进行问题驱动的研发搜索之外,当绩效高于预期水平时,控制了冗余资源的作用,企业还会利用由绩效高于预期水平所带来的绩效冗余,进行冗余驱动的研发搜索。之后我们对正负绩效反馈对研发搜索的影响进行了比较研究。3.4 是基于代理理论、权变理论和动态竞争理论等提出的 CEO 二元性、CEO 持股、环境动态性、行业竞争互动及国有企业所有制的调节作用。3.5 为本章小结,总结了本研究提出的所有假设。

3.1 研发搜索概念及测量

1. 研发搜索的概念

企业的研发不仅是战略领域及创新领域研究的热点,而且作为一项高风险高投入的组织战略行为,是公司行为理论关注的重点。对于企业来说,研发是一种重要的组织做出决策变化的方式。有学者认为研发投入是组织搜索解决方案以帮助企业建立核心能力,利用增长机会和获取竞争优势,追求高回报的重要手段(Lengnick Hall,1992)。

公司行为理论的学者对于企业的研发这种创新活动也是极为关注,在探索绩效反馈对于企业创新影响的研究中，研发往往是学者采用的较多的结果变量。但是遗憾的是，直到在最近的研究中，公司行为理论的学者仍然对企业的研发没有一个明确的统一的构念(construct)名称，有的学者将研发视为组织变化的一种，有的学者将研发作为企业风险承担的替代变量，有的学者从组织搜索的角度认为企业的研发活动是搜索行为的一种，等等。因此，这也给本书的研究造成了一定的困扰。我们从公司行为理论的理论基础出发，并且结合现有文献中被学者应用较多的构念名称，将企业的研发活动定义为一种搜索行为。Greve & Taylor(2000)对组织搜索的定义是企业通过搜集探索有关组织的可替代过程和产品的信息，这些搜集及探索信息的发现过程会促使组织惯例或者路径发生变化。因此搜索对组织演化和适应性来说具有重要作用(Chen et al.,2007)。研发就是一种很重要的搜索行为，企业可以通过研发搜索，来寻找能够改变组织惯例或路径的可替代过程和产品的有关信息。

2. 研发搜索的测量

对于研发搜索的测量，目前公司行为理论的学者大都采用代理变量的方法，即用企业的研发强度来作为代理变量(Greve,2003a;Chen et al.,2007;Chen,2008;Lim et al.,2013a;Lim et al.,2013b;O'Brien et al.,2014)。

3.2 模型构建

1. 绩效反馈与研发搜索关系研究的主效应

首先，我们之所以要研究绩效反馈对研发搜索的影响，是因为从公司行为理论角度研究企业创新是十分重要的，而现有研究从公司行为理论角度来解释企业研发搜索的研究有很多，但是仍然没有一个统一的结论(Greve,2003a;Chen et al.,2007;Chen,2008;O'Brien et al.,2014)。

Antonelli(1989)检验了熊彼特的假设盈利能力和创新努力正相关，和"失败-诱因"假设——企业当绩效低于最小阈值时会做出研发努力，即研发支出和盈利能力负相关。研究发现两种假设各自与企业盈利能力是高于还是低于平均水平相关。Greve(2003a)的研究采用日本造船业企业为样本，指出当低绩效引发问题驱动的搜索时，研发支出会增加，而过多的冗余资源会引发冗余搜索，研发搜索会增加。Chen & Miller(2007)采用美国制造业1980—2001年上市公司数据为样本，指出在假设短期绩效高于预期水平的作用时问题驱动的搜索和冗余驱动的搜索的论据呈现不同的观点。一方面，绩效超过预期水平会减少问题搜索；另一方面，绩效超越预期水平却为组织带来了冗余的积累，冗余驱动的搜索更可能发生在那些拥有持续正绩效反馈的企业，对于短期正绩效反馈的企业，他们认为企业对短期正绩效反馈的反馈会从属于冗余搜索的论据。短期冗余资源会激发企业放松对绩效监控的要求，进行更多的实验和组织变化，进而增加研发支出。遗憾的是，他们的实证研究结论并没有完全支持冗余搜索的假设。Chen(2008)的研究采用美国制造业1980—2001年的数据，指出当企业感觉不能满足又一年的绩效目标时，问题驱动的搜索活动会进一步增加，即增加研发投入；相反地，当企业期望从低绩效的情境提高其绩效到一个高绩效情境时，搜索活动会增加。Vissa，Greve & Chen(2010)的研究采用印度企业为样本，研究组织形式对问题式搜索的影响，比较印度从属于商业集团的公司和不从属于商业集团的公司如何评估绩效及通过调整内部技术搜素和外部市场搜索来做出反应。Lim & McCann(2013b)认为在负绩效差距情境下，高的CEO股票期权会导致较少风险承担；而高外部董事股票期权会增加风险承担。在正绩效差距情境下，高的CEO和外部董事股票期权都会增加企业的风险承担。O'Brien & David(2014)针对现有研究中缺乏不同文化和制度对绩效反馈与研发搜索关系的影响，研究日本企业面对绩效反馈情境时是如何做出研发搜索决策的。他们认为公司行为理论视角研究研发搜索的假设需要修改，因为日本企业从属于互利互惠和关系嵌入的文化，互利互惠和关系嵌入会影响日本企业的搜索决策。当绩效超过预期水平时，互利互惠和关系嵌入导向的日本企业更倾向于使用它们的优越地位帮助那些与其有关系的较为不景气的利益相关者，通过增加研发搜索来为利益相关者获取更多的收益。而当绩效低于预期水平时日本企业的问题驱动搜索活动与公司行为理论的研究相一致。

其次，现有研究也忽略了对中国企业绩效反馈与研发搜索关系的考察。因此，综上所述，有必要对绩效反馈如何影响研发搜索做进一步探索。基于此，我们提出本书研究的主效应模型。

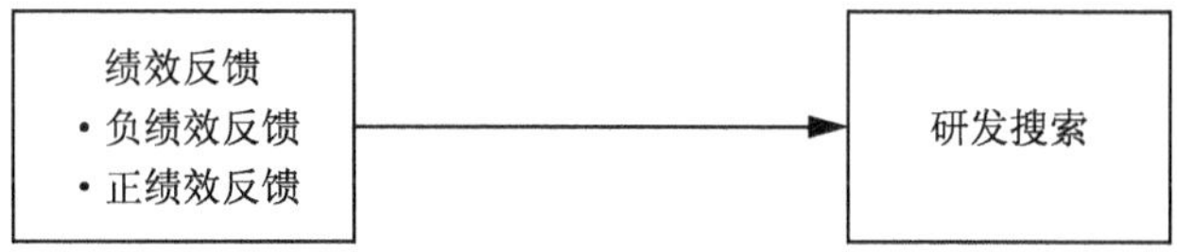

图 3-1 绩效反馈与研发搜索主效应模型

2. 调节变量选取

构建了绩效反馈与研发搜索主效应关系之后,有关二者研究的另一方面是探索影响二者关系的调节变量。我们从现有文献出发,采用一个整合的框架,分别从代理理论角度、企业外部环境角度及企业所有权性质角度出发,选取调节变量。

从代理理论角度出发,我们主要考虑 CEO 作为企业重要的代理人,对企业决策及有关战略行为的影响。企业的 CEO 对企业战略决策及决策过程有重要影响。CEO 在对待风险性战略行为的动机上,往往是风险规避的。大量文献都表明 CEO 在战略决策过程中,尤其是对那些充满风险的战略决策,都是持风险规避的态度,会采取相应的策略来使得战略决策或者企业做出的战略行为符合其风险规避的倾向。不仅在动机上表现出风险规避,CEO 也会运用其手中的权利来影响企业战略决策过程,使企业做出风险规避行为。因此,我们提出 CEO 的二元性和股权,作为能够表现 CEO 相关特征的变量,会影响绩效反馈与研发搜索关系。

现有文献关于绩效反馈与研发搜索关系研究也十分注重对企业外部环境的考察。现有文献中外部环境的调节变量研究存在两方面的空白,即仍缺乏从环境动态性和企业面临的竞争动态角度来研究这二者对绩效反馈与研究搜索关系的影响。事实上,环境动态性为企业在绩效反馈情形下从事研发搜索这样的风险行为增加了额外的技术、市场风险和不确定性;而能够代表企业跟风研发和模仿创新的行业竞争互动则增加了企业被同行企业跟风研发和模仿创新的风险和不确定性。因此,我们认为环境动态性和行业内企业间在研发方面的竞争互动会影响绩效反馈与研发搜索之间的关系。

最后,我们总结了现有研究中有关绩效反馈与研发搜索关系的调节变量,发现并没有从中国企业的企业所有制不同角度来考虑对二者关系有影响的调节变量,而对于中国企业来说,企业所有制类别的不同恰恰会影响企业很多的战略行为,特别是创新战略方面。

综上所述,我们构建了本研究整体的研究模型。

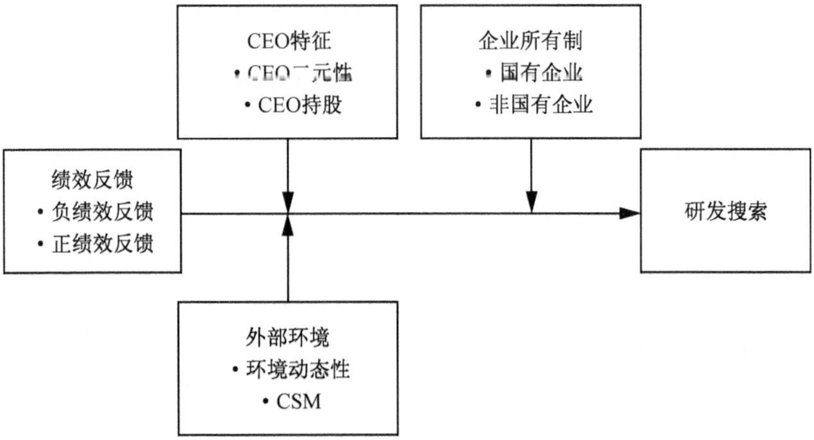

图 3-2　研究模型

3.3　主效应研究假设

从模型构建可以看出,我们研究绩效反馈对研发搜索行为的影响。根据现有文献,我们认为企业的绩效反馈对研发搜索行为会产生两种作用机制的影响——问题驱动的搜索和冗余驱动的搜索。问题驱动的搜索和冗余驱动的搜索在 Cyert & March 的研究中都被提及了,他们认为问题驱动的搜索发生在绩效低于预期水平的情况下,而冗余驱动的搜索是组织适应性的催化剂。事实上,问题驱动的搜索是企业以解决经营活动中面临的问题为导向的,搜索能够解决问题的可替代方案和产品的相关信息。而冗余驱动的搜索是企业基于拥有的冗余资源来搜寻可替代过程和产品的有关信息。

这两种不同导向的搜索机制在绩效反馈研究中也被很多学者运用。Greve (2003a)的研究认为当绩效低于预期水平时会激发问题搜索,组织的决策者为了弥补绩效下滑,会搜索可感知的问题或者以前对相似问题的解决方案。当决策者认为更新组织技术和产品组合能够解决绩效下滑问题时,问题驱动的搜索引起研发增长。面对绩效下滑，决策者会通过转向过去重复发生的研发搜索来寻求解决问题的方法，组织会赋予研发部门更为宽裕的预算经费(Boeker，1989)，面临市场需求下降的组织希望通过研发竞赛获取更大的市场份额(Ramrattan，1998)。而冗余驱动的搜索主要是组织利用其资源进行实验和组织变化(Cyert & March，1963)。拥有充裕时间和资源的组织会拥有较多的机会去进行实验尝试，并且面临较少的绩效监督，因此这样的组织会有资源和足够的耐心去创新。Jelinek & Schoonhoven(1990)也指出当组织的管理者拥有较为松散的绩效监督时，会通过冗余驱动的搜索来追求新项目。但是需要指出的是，Greve(2003a)所描述的冗余驱动的搜索中所利用的冗余资源来源于组织拥有的沉淀冗余、非沉淀冗余及潜在冗余资源，并没有区分这些冗余资源是绩效高于预期水平下的作用，还是绩效低于预期水平下的作用。事实上，当绩效高于预期水平时，组织的决策者仍然会拥有由于正绩效反馈所带来的冗余资源，而这些冗余资源可以以沉淀冗余、非沉淀冗余及潜在冗余资源的形式来促使组织从事冗余搜索。

既然问题驱动搜索和冗余驱动搜索都能够导致企业从事研发搜索，那么这两种作用机制在绩效反馈的情形下到底如何影响企业的研发搜索行为呢？本研究认为，绩效低于或者高于企业预期水平，会给企业的决策者造成两种不同的框架情形，而决策者对于问题驱动搜索和冗余驱动搜索这两种机制有不同的判断。在绩效低于预期水平，即负绩效反馈情形下，决策者面对的是企业绩效未能达到令人满意的水平，此时决策者需要解决的突出问题就是努力搜索可感知的问题或者以前对相似问题的解决方案，以此来解决绩效下滑问题。在负绩效反馈情形下，企业所拥有的冗余资源，相比于正绩效反馈情形来说，相对较少，企业所能够拥有的资源丰富性不足，决策者在负绩效反馈下不可能基于冗余资源的多少来做出研发搜索。此时，决策者管理注意力首要会放在解决问题上，是问题驱动的而不是冗余驱动的，来决定其战略行为。当企业的绩效高于预期水平时，表明企业绩效达到了令决策者满意的水平，决策者不需要将其注意力放在解决企业绩效下滑的问题搜索上，因此当正绩效反馈情形时，绩效反馈对研发搜索的影响不是问题驱动搜索机制的。此时，根据Chen & Miller(2007)所指出的，绩效超越预期水平为组织带来了冗余资源的积累，换句话说，正绩效反馈的情形下企业拥有相比于负绩效反馈情形更多的冗余资源，决策者的注意力会聚焦在对于冗余资源的运用上，而丰富的冗余资源往往有助于企业进行创新等活动。

综上所述，我们认为绩效反馈会导致两种不同机制的研发搜索——问题驱动的研发搜索和冗余驱动的研发搜索。当绩效低于组织预期水平，即负绩效反馈时，组织会进行基于问题驱动的研发搜索；而绩效高于组织预期水平，即正绩效反馈时，组织会进行冗余驱动的研发搜索。

1. 负绩效反馈与问题驱动搜索

当企业绩效低于预期水平时，表明企业现有的绩效水平并没有达到能够使其满意的水平，即负绩效反馈。如果绩效仅仅是稍微低于预期水平，那么企业的决策者只需要做较少的改变即可达到其设定的预期水平，这些较少的改变往往会聚焦于本地化的搜索，寻找最近的解决方案，希望通过较少的调整来提升其绩效到预期水平，这些改变相比较而言给企业带来的风险和不确定性较少，因此对于决策者来说，并不需要其能够承担或者容忍较多的风险，不需要其修改其风险偏好。表现在企业的研发搜索上，就是企业进行研发投入的可能性不会太大。然而，当绩效离企业预期水平越来越远，即绩效是远远低于其预期水平，负绩效反馈较大时，企业通过较小的调整或改变往往不能够达到其预期水平，这时候企业的决策者需要修改其原本风险规避的偏好，转而倾向于承担较为多的风险和不确定性，这时的决策行为往往包含着较大的风险和不确定性，决策者需要不断强调对那些新颖的、更具探索意义的、非本地化的搜索行为的重视。当绩效远远低于预期水平时，会激发决策者进行问题驱动的搜索行为，这样的行为使得企业努力寻求改变现状的方法，尝试突破现在的瓶颈状态，会激发出更为积极的新实践、战略及行为。具体到企业的研发搜索上，就是当绩效远远低于预期水平时，企业更倾向于加大研发投入力度，而当绩效稍稍低于预期水平时，企业加大研发投入力度的可能性会降低。

负绩效反馈越大，企业越可能增加研发搜索，负绩效反馈与研发搜索的关系得到了大量的实证支持（Greve，2003a，Chen et al.，2007；Chen，2008；O'Brien et al.，2014）。其实企业的风险行为不仅仅表现在研发上，当负绩效反馈越来越大时，企业会倾向于进行很多风险性行为，如并购、新的合作者选择、进入新市场，等等。因此我们提出假设 H1a。

H1a:负绩效反馈与研发搜索负相关。即当企业绩效低于预期水平时,如果绩效反馈差距越大,那么企业越有可能进行研发搜索。

特别需要指出的是,我们假设企业绩效低于预期水平时,如果绩效反馈差距越大,企业越会进行研发搜索。在相关关系上表示是,负绩效反馈与研发搜索负相关,即当负绩效反馈值越大(绩效越接近预期水平,绩效减去预期水平的负值越来越大,绝对值越来越小),企业越不会进行研发;当负绩效反馈值越小(绩效离预期水平越远,绩效减去预期水平的负值越来越小,绝对值越来越大),企业越有可能进行研发搜索。

2. 正绩效反馈与冗余驱动搜索

大量研究也指出当企业的绩效高于预期水平时,企业会从事与绩效低于预期水平时相类似的风险行为。Chen & Miller(2007)明确指出绩效超越预期水平时为组织带来了冗余的积累,冗余搜索更可能发生在那些拥有持续正绩效反馈的企业,对于短期正绩效反馈的企业,他们认为企业对短期正绩效反馈的反馈会从属于冗余搜索的论据。短期冗余资源会激发企业放松对绩效监控的要求,进行更多的实验和组织变化,进而增加研发支出。当企业的绩效高于预期水平时,往往给企业的决策者带来目标达成的满意感,这种成功提供给了决策者有可能获取额外的或低成本的资源的机会,并且也增加了决策者对其决策能力的自信,使得他们能够进一步追求新颖的更具风险的想法和项目(Cyert et al,,1963;Antonelli,1989)。March & Shapira(1992)的研究指出当决策者对其决策质量等绝对信任时,决策者也会利用可能的绩效冗余来进行更多的风险行为。高绩效并不一定意味着会产生冗余资源(Greve,2003a),但高绩效却可以带来获取这些冗余资源的较为低廉的成本(Aldrich et al.,1986),换句话说,高绩效表明企业会更有能力来获取冗余资源,从而去从事风险性行为。因此我们认为高绩效在一定程度上可以代表企业拥有冗余资源,或者能够以低廉的成本去获取冗余资源。企业决策者会利用丰富的冗余资源来进行研发搜索。

综上所述,我们提出假设H1b。

H1b:正绩效反馈与研发搜索正相关。即当企业绩效高于预期水平时,如果绩效反馈差距越大,那么企业越有可能进行研发搜索。

假设 H1a 提出了负绩效反馈会带来企业基于问题驱动的研发搜索增加，而假设 H1b 提出了正绩效反馈会带来企业基于冗余驱动的研发搜索增加。进一步地，我们认为企业在正绩效反馈和负绩效反馈两种情境下并不是同等程度地进行研发搜索的。Greve(2003a)指出组织会由于内部政治和外部承诺、坚持既定组织惯例（即便惯例会带来失败）、感知的偏差等而拒绝变化，维持组织的现有状态，即组织刚性。当绩效高于预期水平时，尽管组织有理由进行基于冗余资源的研发搜索，但是由于绩效高于预期水平，组织的决策者认为已经实现了满意的目标，同样会存在理由认为组织没有必要再进行风险性的研发，转而维持现在的状态(Greve，1998)。

现实中的例子也可以说明企业或者个人在负绩效反馈和正绩效反馈情形下，对待研发等风险行为的态度和意愿。以三星电子和苹果公司为例，三星电子近几年的财务业绩持续下滑，而苹果公司的业绩却稳定上升。面对绩效困境的三星电子在研发投入上的力度明显要比业绩上升的苹果公司要多得多（见绪论部分的研究背景）。

因此我们认为企业在绩效低于预期水平时进行问题驱动的研发搜索，要比在绩效高于预期水平时进行冗余驱动的研发搜索可能性更高。

综上所述，提出假设 H2。

H2：负绩效反馈对研发搜索的影响要比正绩效反馈对研发搜索的影响更强。

至此，我们完成了有关绩效反馈与研发搜索关系之间的假设，然而正如在文献回顾和假设提出过程中指出的一样，学者在有关绩效反馈与其结果变量的研究中仍然十分重注对情境因素的考量。总结现有研究中有关绩效反馈与研发搜索关系研究的情境变量，我们发现，学者只研究了组织形式（Vissa et al.，2010）、CEO 和外部董事股票期权（Lim et al.，2013b）、交易型和关系型所有制结构（O'Brien et al.，2014），对于其他的绩效反馈与研发搜索关系的情境因素则较少考虑。尽管我们在文献综述部分总结了有关组织预期及其结果变量的调节变量，但是有很多都没有应用在绩效反馈与研发搜索关系的探索中。特别地，我们提出应该从代理理论角度、企业外部环境角度及企业所有制角度考虑绩效反馈与研发搜索关系的调节变量。

3.4 调节作用研究假设

大量有关代理理论和企业风险行为的文献都聚焦于CEO的作用,CEO在企业战略决策制定中是核心的参与者,因为企业重要的战略决策往往是由CEO发起和实施的(Deutsch et al.,2011)。由于CEO在企业战略决策中的重要性及其在现有有关公司行为理论讨论过程中一直作为重要的代理人存在,并且影响着企业战略决策,因此我们从CEO的角度出发,考虑CEO的权利和动机是如何影响绩效反馈与研发搜索之间的关系的,而能够代表CEO权利和动机的是CEO的二元性和CEO股权(Lim et al.,2013a)。

3.4.1 CEO二元性的调节作用

CEO二元性是指公司的CEO同时又是董事会主席(Rechner et al.,1991;Finkelstein et al.,1994)。Finkelstein & D'aveni(1994)认为CEO二元性可以牢固地树立起CEO在公司或者组织的高层地位,同时占据CEO和董事会主席这两个位置,会使得CEO在企业高层拥有统一指挥的权利,拥有无可争议企业决策权威,能够给股东发出确定无疑的信号。从代理理论和权利理论出发,CEO二元性能够使得CEO面临较少董事会的监督。Lim & McCann(2013a)指出管理者通常被假定相比于股东来说,较少能够容忍风险,如果CEO同时是董事会主席的话,无疑削弱了董事会对CEO的监督作用,对于以CEO为代表的管理者的风险规避倾向就很难给予制止。Deutsch, Keil & Laamanen(2011)在研究CEO和外部董事的薪酬方案对公司层面的风险行为的影响时,明确指出CEO要比外部董事愿意承担的风险少。以这些研究为基础,我们提出,CEO二元性会分别调节负绩效反馈与研发搜索的关系及正绩效反馈与研发搜索的关系。具体地,CEO二元性正向调节负绩效反馈与研发之间的负向关系;而CEO二元性负向调节正绩效反馈与研发搜索之间的正向关系。

1. CEO二元性对负绩效反馈与研发搜索关系的调节作用

假设H1a提出当绩效低于预期水平时,决策者倾向进行问题驱动的研发搜索。我们认为其他条件不变，CEO二元性正向调节负绩效反馈与研发搜索之间的负向关系。首先，CEO二元性会增加CEO的战略决策风险规避倾向，使得CEO在负绩效反馈情形下不愿意承担风险，进行研发，因为研发本质上对企业来说是一种充满风险和不确定的战略行为。代理理论和权利理论认为，CEO二元性的存在会大大降低董事会建言行为的有效性，影响董事会的决策意见。并且CEO二元性也表明CEO在组织里拥有更多的权利，减少了董事会的有效监督(Booth et al.，2002)。作为董事会主席的CEO会通过控制董事们的参与和建议(Ruigrok, et al.，2006)控制流向董事们的信息(Jensen，1993)，使得企业战略风险决策更加符合拥有二元性的CEO的风险规避倾向，因而面对负绩效反馈，CEO二元性的存在使得企业难以进行问题驱动的研发搜索。

其次，作为企业的CEO兼董事会主席，CEO也会为自己的雇佣风险考虑(Deutsch et al.，2011)。Wiseman & Gomez-Mejia(1998)指出管理者，如CEO，如果不能为企业带来绩效，那么他们未来的市场价值就会大大缩减，会降低他们未来潜在的收入，也使得其未来的就业前景堪忧。当绩效低于预期水平时，表明企业的绩效未能达到满意的目标，代表企业实际所有权的股东会问责企业的管理者，首当其冲的就是CEO。低绩效使得CEO面对股东对其经营、管理能力的信任危机，CEO会面临较多的来自股东的监督，甚至严重的低绩效会增加其被解雇的风险。在负绩效反馈情境下进一步增加研发搜索，会加剧企业面临的风险和不确定性，也无疑增加了CEO的雇佣风险。为了降低雇佣风险，CEO也不倾向于进行风险性的战略行为，尤其是拥有二元性的CEO，更有可能利用其董事会主席的身份影响董事会及董事们的战略风险决策方向并制定偏向风险规避的策略，最终采取风险较小的战略行为。

相反地，如果CEO不具备二元性，那么CEO对企业战略风险决策过程的控制力和影响力会大大降低，其决策会受到那些风险偏好的决策者，如外部董事等的影响，更有可能在面对负绩效反馈时增加研发搜索。

综上所述，我们提出假设H3a。

H3a：CEO二元性正向调节负绩效反馈与研发搜索之间的负向关系，即当企业绩效低于预期水平时，如果绩效反馈差距越大，存在CEO二元性的企业，相比于那

些不存在 CEO 二元性的企业，较少进行研发搜索。

2. CEO 二元性对正绩效反馈与研发搜索关系的调节作用

假设 H1b 指出当企业绩效高于预期水平时，如果绩效反馈差距越大，那么企业越会进行研发。我们认为 CEO 二元性会负向调节正绩效反馈与研发搜索之间的正向关系。正如探索 CEO 二元性对负绩效反馈与研发搜索关系的调节作用时指出的，CEO 面临着战略决策风险和雇佣风险，往往会采取风险规避的策略，具有董事会主席和首席执行官双重身份的 CEO 面对战略决策风险和雇佣风险时倾向于选择风险规避。假设 H1b 指出的正绩效反馈会导致基于绩效带来（或能够带来的）的冗余资源的研发搜索，但是正绩效反馈一定程度上表明了企业的管理者或者 CEO 的管理是有效的，因此董事会等会放松对 CEO 的绩效监督。而 CEO 本身是风险规避、损失规避的，作为企业重要决策者之一的 CEO，具备二元性，其在运用权力进行战略决策时会表现出风险规避和损失规避的倾向，甚至是雇佣风险规避（我们认为在正绩效反馈情形下，控制其他条件，企业雇佣风险相比于在负绩效反馈情形下低）。其完全有理由选择维持现状，采取风险较小的战略行为，反映在研发上表现为不增加研发支出。此时，既具备二元性又是风险规避的 CEO 会利用其权利来影响企业的决策者们，选择风险较小的战略行为，甚至是维持现状。而不具备二元性的 CEO，尽管面对正绩效反馈情境，出于自身战略决策风险规避和雇佣风险规避的考虑，希望企业不进行或者减少风险行为，但是由于其缺乏足够的能够影响战略决策过程的权力，因此相比于具备二元性的 CEO，对于是否能够左右企业采取风险行为的影响相对较弱。

因此，我们提出假设 H3b。

H3b：CEO 二元性负向调节正绩效反馈与研发搜索之间的正向关系，即当企业绩效高于预期水平时，如果绩效反馈差距越大，存在 CEO 二元性的企业，相比于那些不存在 CEO 二元性的企业，较少进行研发搜索。

3.4.2　CEO 股权的调节作用

行为代理模型认为，CEO 的持股股权对于 CEO 进行风险行为的意愿具有重要的作用。较早的代理理论文献认为 CEO 是风险规避的，而董事会和股东会是风险中性的(Daily et al.,1998)。而 Wiseman & Gomez-Mejia(1998)则指出 CEO 作为有限理性的代理人,是损失规避的,而不是风险规避。不管学者如何假设 CEO 作为有限理性代理人的特征,我们认为 CEO 既是风险规避的,也是损失规避的。对于风险规避和损失规避的 CEO,当其企业面临着可能从事风险性行为的决策时,其往往会采取与风险行为相反的战略行为。特别地,Lim & McCann(2013a)在研究外部董事对企业战略风险行为的影响时,指出损失规避的 CEO 会随着其积累的股权财富的增长,而越发地反对风险行为。Deutsch, Keil & Laamanen(2011)认为由于 CEO 的财富和作为管理者的人力资本都是和雇佣他们的企业息息相关的,他们会有可能采取规避雇佣风险的策略,宁愿接受次优的报酬也要减少企业所面临的风险。Wright et al.(1996)在探索企业风险行为对其绩效影响时,从代理角度出发,认为财务或非财务的利益或成本,作为高水平的股权存在时,会降低管理者做出风险决策的可能,尽管这些风险决策可能会为企业带来绩效增长。Devers et al.(2008)基于行为代理模型、代理理论和前景理论,探索股权基础的 CEO 报酬对其风险倾向,进而对战略风险决策的影响。研究发现当 CEO 拥有较高持股股权时,倾向于减少企业的风险行为。以这些现有的研究为基础,我们认为,CEO 股权会分别调节负绩效反馈与研发搜索关系及正绩效反馈与研发搜索关系。具体地,CEO 股权正向调节负绩效反馈与研发搜索之间的负向关系;而 CEO 股权负向调节正绩效反馈与研发搜索之间的正向关系。

1. CEO 股权对负绩效反馈与研发搜索的调节作用

假设 H1a 提出当绩效低于预期水平时,决策者倾向进行问题驱动的研发搜索。我们认为其他条件不变,CEO 股权正向调节负绩效反馈与研发搜索之间的负向关系。当绩效低于企业预期水平时,表明企业绩效未能达到令人满意的目标。CEO 作为战略决策的发起和实施者,面临着要做出战略变化的要求。CEO 持有的股权越多,对战略决策过程的控制及话语权也就越强,而 CEO 本身是战略决策风险规避、损失风险规避及雇佣风险规避的。代理理论的假设将 CEO 假定为是风险规避的,因此持股越多的 CEO,越会选择战略决策风险较小的战略行为。同样 CEO 持股越多,越可能担心风险性的战略行为一旦给企业造成了损失,其财富也会受到影响,面临着财富损失的危险。企业战略决策风险造成的损失也会使得董事会和股东对CEO的自由裁量权进行干涉,甚至会解雇CEO,对于CEO未来的职业前景和收益都会造成不利影响(Wiseman et al.,1998)。因此当面对绩效低于预期水平时,持股越多的CEO越有可能想方设法影响企业的战略变化倾向于风险较小的方向,甚至有可能维持组织刚性。

相反,当CEO持有股权相对较少时,CEO对战略决策过程的控制能力和话语权相对较弱,尽管其本身是风险规避和损失规避的,但是其对企业决策过程的控制及影响较弱,当企业面临绩效未能达到预期水平时,作为风险中性的董事会和股东(Daily et al.,1998)会偏向于那些有一定风险和不确定性的战略行为,而作为企业重要的战略决策发起和实施者的CEO,由于持股比例较少,尽管出于自身考虑偏好那些风险较小的战略行为,也因为没有足够的控制及影响力来左右企业的战略决策朝有利于自己的方向推进。

综上所述,我们提出假设H4a。

H4a:CEO股权正向调节负绩效差距与研发搜索之间的负向关系,即CEO股权越多,企业绩效低于预期水平并且绩效反馈差距越大时,企业较少进行研发搜索。

2. CEO股权对正绩效反馈与研发搜索关系的调节作用

假设H1b指出当企业绩效高于预期水平时,如果绩效反馈差距越大,那么企业越会进行研发搜索。我们认为CEO股权会负向调节正绩效反馈与研发搜索之间的正向关系。CEO本身是风险规避和损失规避的,并且CEO持有的股份越多,表明其在企业战略决策制定的过程中拥有的权力也越大。当绩效高于预期水平时,表明企业的绩效达到了令人满意的目标。对于CEO的绩效监督也会因为正绩效反馈而放松,CEO的股份越多,就越有可能在接下来的战略决策制定过程中巩固自己的地位,使得董事会和股东对其进行较少的绩效监督,并且也可以拒绝外部董事提出的任何风险性战略建议(Shivdasani et al.,1999),使得企业的战略制定符合其风险规避和损失规避的倾向,表现在研发上,就是当绩效高于预期水平时,较少进行研发搜索。

相反地,CEO持有股份较少,在战略决策制定过程中拥有的权力也相应较小,对于董事会和股东,尤其是外部董事,提出的一些风险性建议也较难给予反对。

Johnson, Hoskisson & Hitt(1993)的研究也指出 CEO 的股权较少会更容易受到忠告、监督压力和董事指手画脚的影响。因此,尽管 CEO 自身倾向于风险规避和损失规避,但是其较难左右企业进行基于绩效冗余的研发搜索。

综上所述,我们提出假设 H4b。

H4b:CEO 股权负向调节正绩效差距与研发搜索之间的正向关系,即 CEO 股权越多,企业绩效高于预期水平并且绩效反馈差距越大时,企业较少进行研发搜索。

除了从代理理论角度考虑绩效反馈与研发搜索之间关系的调节变量之外,我们的研究还考虑了外部环境因素对绩效反馈与研发搜索关系的影响。具体地,我们认为环境动态性和行业竞争互动(CSM)是影响二者关系的重要情境变量。

3.4.3 环境动态性的调节作用

尽管环境动态性已经被学者用来研究组织预期、绩效反馈与其结果变量之间关系的研究中,但是目前仍然没有研究指出环境动态性是如何影响绩效反馈与研发搜索之间关系的。Shinkle(2012)在一篇综述中提出了在高度动态的环境中,企业过去的绩效和同行的绩效很难被解读时,企业应该如何反应的疑问。我们提出环境动态性会影响绩效反馈与研发搜索之间关系,具体地,环境动态性会正向调节负绩效反馈与研发搜索之间的负向关系,并且负向调节正绩效反馈与研发搜索之间的正向关系。

1. 环境动态性对负绩效反馈与研发搜索关系的调节作用

假设 H1a 提出当绩效低于预期水平时,决策者倾向进行问题驱动的研发搜索。我们认为其他条件不变,环境动态性正向调节负绩效反馈与研发搜索之间的负向关系。绩效低于企业预期水平,表明绩效目标并没有达到令人满意的水平,企业需要通过研发来解决绩效问题,使得有限理性和不确定性规避的决策者承担解决问题的风险和不确定性。当环境动态性高时,突出表现为多变的技术和多变的市场需求。技术动态性高表明企业所在行业的主导技术变化快,企业也很难确保自己能够跟上主流技术变革的步伐,使得企业增加研发投入的行为变得更加充满风险和不确定性。此外市场需求变化越快,对企业能够满足多变的顾客需求的能力提出了更高的要求，也为企业研发新技术、新产品带来了较高的要求和难度。对于负绩效反馈的企业来说，一方面忍受着解决问题、投入研发带来的风险和不确定性，另一方面还要承担高度动态多变的环境带来的风险和不确定性，会严重降低企业决策者进行研发搜索的可能性。相反地，如果环境动态性较低，负绩效反馈的企业通过研发搜索来寻找解决问题的方案，所承担的风险和不确定性要比环境动态性高的情境下小得多，企业进行问题驱动研发搜索的可能性也更高。

综上所述，我们提出假设 H5a。

H5a：环境动态性正向调节负绩效差距与研发搜索之间的负向关系，即环境动态性越高，企业绩效低于预期水平并且绩效反馈差距越大时，企业较少进行研发搜索。

2. 环境动态性对正绩效反馈与研发搜索关系的调节作用

假设 H1b 指出当企业绩效高于预期水平时，如果绩效反馈差距越大，那么企业越会进行研发搜索。我们认为环境动态性会负向调节正绩效反馈与研发搜索之间的正向关系。绩效高于预期水平，表明企业的绩效已经达到令人满意的目的，高绩效带来或能够带来的冗余资源会促使企业决策者进行研发，以期进一步获取更多竞争优势。当环境动态性高时，市场上需求和技术变化速率较快，给从事研发的企业带来了额外的风险和不确定性，降低了企业使用冗余资源追求卓越绩效的效果。行为理论认为当绩效高于预期水平时，企业决策者原本就倾向于维持现状，或者做出较少的改变。面对高度动态的环境，企业决策者维持现状的意愿会更为明显。

综上所述，我们提出假设 H5b。

H5b：环境动态性负向调节正绩效差距与研发搜索之间的正向关系，即环境动态性越高，企业绩效高于预期水平并且绩效反馈差距越大，企业较少进行研发搜索。

3.4.4 行业竞争互动的调节作用

在转型期，中国企业面临的是不完全的产品市场环境（Sundaram et al.，1996；Huyghebaert et al.，2004）及不健全的法律制度环境（余明桂等，2009；魏下海等，

2013)。中国转型经济制度还不健全,缺乏有效的良性的竞争机制,并且知识产权保护缺乏。Tan & Peng(2003)指出新兴经济有如下特征,如金融市场不发达,产品市场的竞争存在于国有企业、私营企业及外资企业之间。Tan(2001)指出中国正经历着从中央计划经济到市场导向的市场经济的转变,在这样的转变过程中,很多竞争的规则还有待被规定,市场是不断演化和多变的。Shinkle(2012)明确指出现有文献仍然较少探索经济和制度环境、行业竞争情况等,这些可以影响组织预期、绩效差距及其结果变量的重要情境因素。因此本研究一方面聚焦企业所处的行业环境的动荡情境对绩效反馈与研发搜索关系的影响,另一方面我们认为在中国市场上企业面临的竞争情境也是需要进一步探索的。众所周知,中国企业的市场经济制度还有待完善,缺乏有效的竞争机制及规则,知识产权保护的力度也有待提升,在这样的市场上,企业的竞争行为表现出来更多的是无规则的、机会主义倾向的竞争态势,比如价格欺诈、专利侵权、恶意模仿等。而且中国企业普遍自主创新能力还有待提升,国家层面一直都在呼吁走创新驱动的自主创新之路。现实中,很多企业无法达到这样的标准和要求,一方面是能力不够,另一方面是研发和创新对于追求机会主义、短期利益的经营者来说并不能带来立竿见影的效果,甚至有可能导致高投入低产出或亏损。因此对于企业的创新来说,重要的方式仍然是模仿创新及跟风研发。企业在研发搜索方面的竞争互动就形成了其所在行业内的整个行业的研发竞争互动状况。

学者对行业竞争也颇为关注,重要的理论诸如动态竞争理论都在致力于研究行业内企业的竞争行为及竞争者之间的互动。总结学者有关行业竞争的研究,我们发现学者测量竞争的方式有多种——CR4 或 CR8、HHI、CSM。普通的竞争测量是 CR4 或者 CR8 集中度的测量,是指行业内前四家,或者前八家企业的市场份额占总体市场份额的比重。HHI 即赫芬达尔指数,是指行业内核心企业能够占据所有企业市场份额的集中程度。不管是 CR4(CR8),还是 HHI,表示的都是行业内存在共谋的可能性,行业集中度越高表明共谋越可能发生,也越容易持续下去。我们认为这两种测量行业竞争的指标都没办法很好地体现出行业内企业间模仿创新及在研发方面的竞争互动。而 CSM(竞争战略测量)则能够很好地刻画出企业这方面的特征。

CSM(竞争战略测量)最早是由 Bulow, Geanakoplos & Klemperer(1985)提出来的,Bulow, Geanakoplos & Klemperer 当时只是提出了企业的竞争战略,并且将其划分为战略互补(strategic complements)和战略替代(strategic substitutes),能够抓住行业内企业及其竞争对手的竞争互动的结果。战略互补是指企业采取的侵略性的、强硬的、匹配的竞争行为,企业间竞争激烈,面对行业内竞争对手采取的竞争行为,例如增加研发,企业也采取相应的增加研发的竞争行为,即在研发方面竞相增加投入,进行跟风研发甚至是模仿创新。战略替代是指企业的竞争行为是顺从式的竞争,面对行业内竞争对手采取的竞争行为,例如增加研发,企业并没有采取相应的增加研发的行为,即并没有进行模仿创新和跟风研发。总的来说,从战略替代到战略互补竞争的激烈程度是在不断上升的,也就是说企业间的竞争互动程度,尤其是有针对性的竞争反应,变得强烈。体现在研发方面,从研发的战略替代到研发的战略互补表明企业间的跟风研发、模仿创新的程度在不断增加。

战略互补和战略替代的本质是面临竞争对手产出,企业边际利润是增加还是减少。虽然 Bulow, Geanakoplos & Klemperer(1985)最早提出了这些概念,但是并没有具体探讨如何测量这些概念。后来 Sundaram et al. (1996)才提出了测量企业战略互补和战略替代的方法,并且命名为竞争战略测量,即 CSM(Competitive Strategy Measure),他们的测量方法本质上就是针对行业内企业间在研发投入方面的竞争互动展开的。他们认为如果行业内核心企业,面对竞争对手增加研发的竞争行为,也采取跟着增加研发投入的策略,即进行跟风创新,就是强硬的、侵略性的竞争行为,如果核心企业没有采取相应的跟风创新活动,就是顺从式的竞争行为。Huyghebaert & Van de Gucht(2004)进一步提出了能反映行业竞争的 CSM。因此,结合本研究的主题绩效反馈与研发搜索之间的关系,我们认为用 CSM 来衡量行业内企业间的研发竞争互动对核心企业绩效反馈与研发搜索关系的影响比较合适。

现有研究采用 CSM 来描述和测量企业甚至是行业竞争的研究也有很多。Sundaram ct al. (1996)通过实证研究,检验了企业研发支出公告会正向影响其股票价格,而 CSM 负向影响其股票价格,并且指出战略替代对企业的积极作用,战略互补对企业产生消极影响。Huyghebaert & Van de Gucht(2004)用 CSM 探讨行业竞争的影响,结果显示当战略行为是侵略性时,行业内新进入者退出的可能性会增大;当战略行为是顺从式时,行业内新进入者退出的可能性减小。Kaul(2012)发现企业技术创新会改变其经营范围,这种经营范围的改变受到其与竞争对手技术创新的竞争互动影响。张庆垒、刘春林和施建军(2014a,2014b)探索了在中国情境下,行业竞争互动对企业技术多元化与企业绩效关系的影响。我们的研究将 CSM 定义为整个行业在研发方面的竞争互动,当 CSM 越高时,表明行业内在研发方面的竞争反应越激烈,企业间跟风研发和模仿创新现象越严重;而 CSM 越低时,表明行业内在研发方面的竞争反应趋于温和,企业间跟风研发和模仿创新现象较少。结合本研究所提出的主效应,我们认为 CSM 会影响企业绩效反馈与研发搜索之间的关系。具体地,CSM 会正向调节负绩效反馈与研发搜索之间的负向关系,并且负向调节正绩效反馈与研发搜索之间的正向关系。

1. CSM 对负绩效反馈与研发搜索关系的调节作用

假设 H1a 提出当绩效低于预期水平时,决策者倾向进行问题驱动的研发搜索。我们认为其他条件不变,CSM 正向调节负绩效反馈与研发搜索之间的负向关系。当 CSM 越高,即行业内跟风研发和模仿创新的现象较为严重时,负绩效反馈的企业,其绩效未能达到令人满意的预期水平,需要进行一定的战略变化来提升其绩效。企业增加研发投入较容易引起同行业内其他企业的激烈竞争反应,一方面企业要承担增加研发造成的技术上的、工艺上的、项目上的变化所带来的风险和不确定性,另一方面还要面临着自身研发的成果极有可能被同行业跟风研发的步伐所模仿甚至被超越的问题,行业跟风研发进一步加大了企业增加研发投入所带来的风险和不确定性。尽管企业试图通过研发搜索来解决问题,但是整个行业跟风研发和模仿创新的氛围会使得问题驱动的研发搜索收效甚微,甚至会进一步恶化企业目前面临的绩效低于预期水平的现状。因此,我们认为当企业面临着负绩效反馈时,高程度的 CSM 会使得企业即便想通过问题驱动的研发搜索来解决问题,也会因为行业跟风研发带来的风险和不确定性而选择搁置甚至是放弃增加研发。

相反地,如果行业跟风研发程度较低,负绩效反馈的企业不必担心来自行业跟风研发所带来的风险和不确定性,进行基于问题驱动的研发,尽管承担了研发搜索带来的风险和不确定性，但是这样的风险承担行为相比于在激烈的跟风研发影响下，更有可能解决企业的绩效困境。

因此，综上所述，我们提出假设 H6a。

H6a：CSM 正向调节负绩效差距与研发搜索之间的负向关系，即 CSM 越高，企业绩效低于预期水平并且绩效反馈差距越大时，企业较少进行研发搜索。

2. CSM 对正绩效反馈与研发搜索关系的调节作用

假设 H1b 指出当企业绩效高于预期水平时，如果绩效反馈差距越大，那么企业越会进行研发搜索。我们认为 CSM 会负向调节正绩效反馈与研发搜索之间的正向关系。企业绩效高于预期水平，表明绩效达到了令人满意的目标，正绩效反馈会导致基于绩效带来（或能够带来的）的冗余资源的研发搜索。当 CSM 越高时，表明行业内跟风研发和模仿创新的程度很高，企业增加研发投入的行为，较容易招致同行企业的跟风研发和模仿其技术、工艺及项目等，增加了企业额外的风险和不确定性。尽管高绩效给企业带来或者能够带来一定的冗余资源来从事研发，但是较大的被模仿风险也降低了冗余资源的使用效果。因此当面对较高程度的行业跟风研发和模仿创新情境时，即便正绩效反馈的企业有能力利用绩效冗余来从事研发，而跟风研发和模仿创新带来的风险也会使得企业决策者慎重考虑增加研发投入。相反地，当 CSM 较低时，即行业跟风研发和模仿创新程度较低时，企业决策者较少担心外部模仿和跟风研发带来的风险和不确定性，基于绩效冗余的研发搜索较少受到外界干扰，并且较少有其他企业觊觎核心企业所追求的新技术、新工艺及新项目等，企业也有可能在未来获取研发投入所带来的收益。

综上所述，我们提出假设 H6b。

H6b：CSM 负向调节正绩效差距与研发搜索之间的正向关系，即 CSM 越高，企业绩效高于预期水平并且绩效反馈差距越大时，企业较少进行研发搜索。

3.4.5 企业所有制的调节作用

我们结合现有文献中有关中国企业所有制问题的论述，并且回顾总结了绩效反馈与其结果变量关系有关调节变量的研究，发现还没有学者从所有权角度来考虑对绩效反馈与其结果变量关系的影响。基于上述研究论据和现有研究不足，我们提出国有企业的所有权属性会影响绩效反馈与研发搜索关系。由于国有企业长期的制度约束对国企管理者创新动力的影响,以及国企的管理者较少关注市场竞争,并且国有企业将政府看作是他们主要的资金来源、分销商、供应商,因此当国有企业的绩效低于其预期水平时,我们认为国有企业的决策者拥有较小的动机去进行基于问题驱动的研发搜索,以此来提高绩效水平,更有可能将目光投向政府,从政府那里寻求帮助。而当国有企业的绩效高于预期水平时,国有企业本身的制度约束和创新不足的特点会表现更为突出,尽管可能存在绩效冗余,但是国有企业的决策者因为政府提供的制度和资源上的优势,对市场竞争等的关注度远远低于其他类型的企业(民营企业、外资企业等),尤其是民营企业。国有企业所有权属于主管政府部门或国家,因此国企决策者或管理者往往会将绩效冗余在上交国家税收之前进行分配(例如发给员工奖金或者福利等),而不是将其更多地投入研发等创新活动中。因此,我们认为相比于非国有企业来说,国有企业在绩效低于预期水平时,较少投入研发;绩效高于预期水平时,也较少投入研发。

H7a:相比于非国有企业,国有企业在负绩效反馈情形下,进行研发搜索的可能性要小。

H7b:相比于非国有企业,国有企业在正绩效反馈情形下,进行研发搜索的可能性要小。

至此我们完成了本研究所提出的有关绩效反馈与研发搜索关系的主效应及调节效应的所有假设。

3.5 本章小结

本章主要针对本书研究的内容及假设进行阐述。研究内容主要包括两个方面:(1) 探索绩效反馈与研发搜索之间的关系。我们认为根据绩效反馈的不同,企业会做出两种不同动机的研发搜索——问题驱动的研发搜索和冗余驱动的研发搜索,并且我们详细阐述了作用机制。(2) 研究能够影响绩效反馈与研发搜索关系的情境变量。我们主要从代理理论角度、企业外部环境角度及企业所有权角度来考虑情境变量的选取,其中代理理论角度着重从代理理论和权利理论出发分析了

CEO 二元性和 CEO 股权的调节作用，外部环境角度主要考虑了环境不确定性和行业竞争互动（CSM）的调节作用，最后考虑了国有企业所有制的调节作用。

表 3-1 本研究提出的假设观点

假设序号	假设观点
H1a	负绩效反馈与研发搜索负相关
H1b	正绩效反馈与研发搜索正相关
H2	负绩效反馈对研发搜索的影响要比正绩效反馈对研发搜索的影响更强
H3a	CEO 二元性正向调节负绩效反馈与研发搜索之间的负向关系
H3b	CEO 二元性负向调节正绩效反馈与研发搜索之间的正向关系
H4a	CEO 股权正向调节负绩效差距与研发搜索之间的负向关系
H4b	CEO 股权负向调节正绩效差距与研发搜索之间的正向关系
H5a	CSM 正向调节负绩效差距与研发搜索之间的负向关系
H5b	CSM 负向调节正绩效差距与研发搜索之间的正向关系
H6a	环境动态性正向调节负绩效差距与研发搜索之间的负向关系
H6b	环境动态性负向调节正绩效差距与研发搜索之间的正向关系
H7a	相比于非国有企业，国有企业在负绩效反馈情形下，进行研发搜索的可能性要小
H7b	相比于非国有企业，国有企业在正绩效反馈情形下，进行研发搜索的可能性要小

第四章 研究设计

本章主要阐述研究样本、相关变量的测量及所选取的研究模型估计。重点在于研究样本、变量测量和模型选择。首先，我们选择研究所采用的样本，并且对样本进行基本的描述性说明。其次我们对研究所涉及的变量的测量方式进行了说明，包括因变量、自变量、调节变量及控制变量。最后我们对研究所用模型进行了说明，首先是采用历史预期和社会预期相分离的模型，其次我们对模型选择进行了Hausman 检验，结果发现应该采用固定效应模型。

4.1 样本

本书的研究样本选择中国制造业上市公司 2006—2012 年的面板数据。选择中国制造业上市公司的理由如下：一是制造业对研发投入非常重视，在国家统计局、科学技术部和财政部联合发布的《2012 年全国科技经费投入统计公报》中，制造业研发投入最多，投入强度也是最大的；二是以往的研究也大多采用制造业的企业作为研究样本，例如 Chen & Miller(2007)、Chen(2008)、Lim & Mccann (2013a)、Lim & Mccann(2013b)等的研究，通过采用制造业上市公司为样本，可以和以前的研究形成对比。我们的数据来源主要分为三部分：一部分是来自于 WIND 资讯金融终端数据库，另一部分来自于国泰安 CSMAR 数据库，还有的数据来自 CCER 数据库。我们主要从 WIND 资讯金融终端数据库中获取有关制造业上市公司 2006—2012 年的财务数据、研发数据等；从国泰安 CSMAR 数据库、

CCER 数据库获取有关制造业上市公司代理理论方面的数据，比如 CEO、股东等的相关数据。然后我们通过 ACCESS 的相关程序将从三个不同数据库获取的有关数据进行匹配合成一个符合我们研究需要的数据库，作为我们研究的数据来源。

有关公司行为理论的研究，尤其是组织预期和绩效反馈，十分重要的一点是组织预期和绩效反馈的形成，有部分原因是基于与可比较的同行业的其他企业相比较产生的，因此其形成依赖于行业。我们采用的行业标准是证监会颁布的行业分类标准，之所以采用证监会行业分类的标准是因为证监会在我国的金融监管体系中处于绝对的权威地位。尽管目前尚未有有关组织预期及绩效反馈这类主题，并且采用中国企业为样本的管理学研究发表在国际顶尖期刊上，但是采用证监会的行业分类的研究却有，并且 WIND 资讯金融终端数据库和国泰安 CSMAR 数据库在顶尖管理学期刊也被广泛采用。我们采用按证监会行业分类的制造业企业 2006 年到 2012 年数据，是因为中国从 2006 年开始采用了新的会计准则，之所以到 2012 年是因为证监会的行业分类在 2012 年底的时候又有所调整，之后的数据统计按新的行业分类标准执行。为了控制或者降低这些人为的、外部变动因素的影响，我们的研究就采用了证监会旧的行业分类标准下的 2006—2012 年的制造业上市公司数据。旧的证监会行业分类大类包括 13 个，其中包含制造业。由于制造业下面的门类众多，又将制造业分为了 10 个子类：电子、纺织服装皮毛、机械设备仪表、金属非金属、木材家具、其他制造业、石油化学塑胶塑料、食品饮料、医药生物制品、造纸印刷。我们的制造业研究样本行业分类及统计表如下表 4-1 所示。

表 4-1　数据行业分类及相关分布

行业	年份-观测值	百分比(%)	百分比合计(%)
电子	942	9.96	9.96
纺织服装皮毛	474	5.01	14.97
机械设备仪表	3 018	31.92	46.89
金属非金属	1 200	12.69	59.58
木材家具	162	1.71	61.29
其他制造业	1 554	16.43	77.73

续表

行业	年份-观测值	百分比(%)	百分比合计(%)
石油化学塑胶塑料	612	6.47	84.20
食品饮料	900	9.52	93.72
医药生物制品	270	2.86	96.57
造纸印刷	324	3.43	100.00
总计	9 456	100.00	

注:本表列出的是2006—2012年制造业上市公司所有的行业分类的年份-观测值统计,并非样本企业个数统计。

4.2 相关变量测量

本小节内容介绍与本研究有关的变量的测量方法,具体包括主效应的变量测量、调节变量的测量及控制变量的测量。

4.2.1 研发搜索

现有绩效反馈与研发搜索关系研究中,对于测量研发搜索的方法,学者普遍采用的是运用代理变量,即用研发强度来作为代理变量(Greve,2003a;Chen et al.,2007;Chen,2008;Lim et al.,2013a;Lim et al.,2013b;O'Brien et al.,2014)。具体为,我们采用企业的研发支出除以企业的销售收入(或者营业收入),来测量研发搜索。数据均来自于WIND资讯金融终端数据库,其原始研发搜索测量值均值为0.022 8,标准误为0.029 3。我们将测量的研发搜索滞后绩效反馈一期作为因变量,这样的做法是该领域学者所普遍采用的。

4.2.2 绩效反馈

绩效反馈的测量依赖于组织预期的测量。有关组织预期和绩效反馈的测量方式我们在文献回顾部分已经介绍了四种学者常用的方式,以及最近研究提出的三种模型(Bromiley et al.,2014)。Bromiley & Harris(2014)指出对于绩效反馈引起的企业行为,现有研究在绩效反馈测量的选择上存在缺陷,一是基于组织预期的绩效反馈测量缺乏使用某种特定模型方法的理论假设和方法论基础;二是测量组织预期所使用的绩效代理变量往往选用一种,比如ROA、托宾Q等,并没有考虑多种测量方法。在他们的研究中,将现有测量组织预期及绩效反馈的方法归纳为三种:权重平均模型(Weighted Average Model)、独立模型(Separate Model)、转换模型(Switching Model)。通过研究发现独立的历史和社会预期模型要稍稍优于历史和社会预期转换模型,而独立模型和转换模型要比权重平均模型显得更为优越,因此总的来说,选择独立模型最为合适,并且也最符合 Cyert & March 的初始模型。在本书的研究中,我们也选择独立模型来测量组织预期和绩效反馈。

具体地,我们采用学者经常采用的用来测量绩效的变量 ROA,Lim & Mccann(2013b)指出 ROA 是学者用来测量制造行业企业盈利能力的主要会计变量,采用 ROA 也是出于研究比较的目的。原始的 ROA 数据来自于 WIND 资讯金融终端数据库。接着我们要测量企业的组织预期,独立模型的组织预期分为历史预期水平和社会预期水平。历史预期水平是指核心企业自己以前的绩效;而社会预期水平则依赖于与其同行业的其他企业的绩效。其中关于同行业其他企业的绩效学者也有不同的测量方式,有的采用同行业其他企业前一年的绩效(Lim et al.,2013b),有的采用与核心企业预期水平同一年的其他企业的绩效(O'Brien et al.,2014),究其原因还是因为所选测量模型不同,Lim & Mccann(2013b)所采用的是独立模型,而 O'Brien & David 采用的是权重平均模型。结合本书的研究我们测量社会预期水平采用同行业其他企业前一年的绩效。企业实际的绩效我们采用 $t-1$年的绩效,那么历史预期水平和社会预期水平所采用的绩效就是 $t-2$ 年的。然后,我们按照以往研究的方法,构造一个指数 I_{ij} 来表示企业绩效低于预期水平的情形,当 $I_{ij}=1$ 时,表示企业 i 之前的绩效低于其历史或者社会预期水平,而 $1-I_{ij}$ 则表示企业的绩效高于其历史或者社会预期水平。下标 j 表示历史或者社会预期水平,$j=s$ 或者 $j=h$,s 表示社会预期水平,h 表示历史预期水平。这样我们就构造出来了能够区分正历史绩效反馈与负历史绩效反馈、正社会绩效反馈与负社会绩效反馈的变量。

4.2.3 调节变量

本书的研究着重于从代理理论角度、企业外部环境的角度及国有企业所有权角度考虑可能对企业绩效反馈与研发搜索关系造成影响的调节变量。从代理理论角度我们主要考虑的是企业的 CEO 作为企业主要的代理人，其对研发这样的企业风险承担行为的判断，因此我们依据代理理论和权利理论选取了 CEO 的二元性和 CEO 所持有的股权，这两个能够代表 CEO 权利和动机的变量，作为能够影响绩效反馈与研发搜索关系的调节变量。从外部环境角度考虑，我们主要探索外部环境可能会给企业决策者从事研发造成的风险和不确定性，我们选择了能够反映企业面对的行业技术变革和需求变动的环境动态性，以及能够反映企业所处行业的跟风研发和模仿创新的行业竞争互动变量 CSM。此外，还考虑国企属性。以下内容具体分析其测量方法。

1. CEO 二元性

和所有测量 CEO 二元性的文章一样，我们采用哑变量来测量企业 CEO 是否同时担任着董事会主席，如果 CEO 同时担任着董事会主席的职务，我们将其定义为 1，相反 CEO 没有担任董事会主席的，定义为 0。国泰安 CSMAR 数据库提供了制造业上市公司全部的 CEO 二元性数据。当 CEO 具有二元性时，就表示 CEO 拥有的能够统一指挥，影响董事会决策的权利较大；相反，CEO 则拥有的权力较小。

2. CEO 股权

CEO 股权的测量我们采用 CEO 当年所持有的股份除以企业全部股份总额的方法，这样是测量 CEO 股权的常用方法（Bryan et al.，2000；Devers et al.，2008；Lim et al.，2013a）。CEO 股权数据也来自于国泰安 CSMAR 数据库。CEO 持有的股权越多，表明 CEO 越是风险规避和损失规避的。

3. 环境动态性

环境动态性，采用 Dess & Beard（1984）的测量方法，即用行业层面的销售收入对年份时间变量做回归分析，得到回归系数的标准误差，除以五年行业销售收入的均值来测量。

4. CSM

Huyghebaert & Van de Gucht（2004）依据 Sundaram et al.（1996）的测量方法，构建了行业竞争互动的测量模型。具体地，使用特定行业内所有公司的数据计算出一个横截面相关系数。考虑行业内每个公司，其竞争者就是同行业其他公司，然后计算每家公司的净利润，即公司 i 每年利润的变化 $\Delta\Pi^i$，公司 i 每年净销售收入 ΔS^i，以及公司 i 所有竞争对手产出总和的变化 ΔS^c。之后计算出给定行业内所有公司 $\Delta\Pi^i/\Delta S^i$（公司边际利润的代理变量）和 ΔS^c 之间的相关系数。CSM 的值越大，表示行业内企业在研发方面的竞争互动越频繁，即针对竞争对手的创新战略，企业越容易采取相应的跟风研发、模仿创新战略。张庆垒、刘春林和施建军（2014a，2014b）用 CSM 来表示行业内跟风研发和模仿创新的状况，并且研究了行业竞争互动对企业技术多元化与企业绩效关系的调节作用。

5. 国有企业属性

样本企业中属于国有企业的我们赋值为 1，非国有企业赋值为 0。

4.2.4 控制变量

我们的研究也需要控制相应的变量对主效应、自变量及因变量的影响，我们从代理理论层面、企业层面及行业层面三个方面分别选取了不同的控制变量。需要指出的是，对于二手数据的研究控制变量应该尽可能多而且全面，我们根据现有的数据库尽可能地选择了控制变量，但是也受到客观因素的限制，不可能穷尽所有的控制变量。

代理理论层面的控制变量，我们控制了前十大股东的持股比例、公司董事会规模、独立董事人数占比及独立董事薪酬等，这些数据都可以从国泰安 CSMAR、CCER 数据库获取。前十大股东持股比例代表了企业大股东所拥有的权利，其对企业决策具有重要影响；独立董事则代表了小股东的利益，其对企业决策具有一定的监督和建言作用，因此我们控制了独立董事的人数占董事会人数的比例和独立董事的薪酬，对于独立董事的薪酬我们取对数处理。此外，董事会规模如何也会对企业决策质量、快慢及方向等产生影响，我们也给予控制。遗憾的是，现有文献中，尤其是英文文献中大都控制了外部董事，这块控制变量由于国内数据库的特点，我们不能完全给予控制，可能会对研究有所影响，我们会在研究不足部分给予讨论。

公司层面的控制变量我们选择了控制企业的规模、年龄、冗余资源及 Z 值预警指数。我们控制了企业的规模，因为有研究指出企业的规模越大，越会促使企业去承担风险(Wright et al.,2007),我们测量企业规模采用两种方法,分别控制了企业的人力规模和资本规模,用员工人数和资产总额来表示,并且分别取了对数,以消除偏度达到近似的正态分布,类似的做法也经常出现在文献中(Audia et al.,2006;Lim et al.,2013b)。我们控制了企业的年龄,因为年龄对企业面临风险时采取的策略是有影响的。

我们同样也控制了企业的冗余资源,因为绝大多数研究都指出冗余资源会影响企业的风险承担,并且对于绩效反馈和研发搜索关系的研究大多控制了冗余资源(Chen et al.,2007;Chen,2008;Lim et al.,2013a;Lim et al.,2013b;O'Brien et al.,2014)。我们控制冗余资源的目的包括两个方面:一是现有研究都采取了这样的控制变量;二是研究指出冗余资源会导致企业采取基于冗余驱动的搜索。我们通过研究认为,这些冗余资源是由绩效高于企业预期水平产生的,是由绩效带来的,并不是企业现存的冗余资源,在控制了企业现存的冗余资源的情况下,如果高绩效的企业仍然会进行研发搜索,那么表示在高绩效情境下,企业会进行基于高绩效产生的或者能够带来的冗余驱动的搜索。正如现有研究指出的,冗余资源可以分为三类:非沉淀性冗余、沉淀性冗余及潜在冗余资源,我们分别选取了速动比率、销售费用占营业收入的比重及企业资产负债率来表示这三类冗余资源,类似的研究也经常采用这样的测量方法(Chen et al.,2007;O'Brien et al.,2014)。

Z 值预警指数是表明企业是否面临着财务危机的指数,是由 Altman(1983)提出的,Z 值越大表明企业财务状况越良好。具体地,当企业的 Z 值大于 2.675 时,表明企业财务状况是良好的;当 Z 值在 1.81 和 2.675 之间时,表明企业财务状况非常不稳定,即所谓的灰色地带;当企业 Z 值低于 1.81 时,表明企业财务状况面临着潜在的破产危机。Z 值预警的具体计算公式如下:

$$Z = 1.2 \times \frac{\text{运营资本}}{\text{总资产}} + 1.4 \times \frac{\text{留存收益}}{\text{总资产}} + 3.3 \times \frac{\text{息税前利润}}{\text{资产总额}} + 0.6 \times \frac{\text{普通股优先股市场价值总额}}{\text{负债账面价值总额}} + 1.0 \times \frac{\text{销售收入}}{\text{总资产}}$$

我们从 WIND 资讯金融终端数据库获取了制造业上市公司 2006—2012 年每一家企业的 Z 值。

最后，我们控制了行业层面的一些变量，包括行业的增长状况、环境复杂性、行业集中度 HHI 以及行业类别。有关于行业增长状况的测量目前学者普遍采用两种方式，一种是用每一个行业从时间 $t-1$ 年到 t 年的每年销售收入增长率来表示，即 t 年的销售收入减去 $t-1$ 年的销售收入，之后再除以 $t-1$ 年的销售收入；另一种是 Dess & Beard(1984)提出的环境包容性测量方法，即用行业层面的销售收入对年份时间变量做回归分析，得到回归系数，除以五年行业销售收入的均值来测量环境包容性。我们采用 Dess & Beard(1984)提出的方法测量行业增长状况。环境复杂性，根据 Grossack(1965)提出的动态集中指数，是给定行业 5 年期所有企业终端年份市场份额(Y_i)对最初年份市场份额(X_i)的回归。回归系数表明行业增加或者减少的垄断力量。$\beta = \sum X_iY_i / \sum X_i^2$。尽管我们要研究行业在研发方面的竞争互动，但是对于行业整体是否存在串谋的竞争情况，我们也需要给予考虑，因此我们控制了行业的集中度，具体的测量方式是将行业内所有企业的市场份额平方之后，再进行加总，然后用每个企业的市场份额平方数除以加总的所有企业市场份额平方之后的加总和。最后我们控制了行业类别，证监会旧的制造业行业类别一共包括 10 个子类，我们用哑变量进行控制。

研究所有涉及的变量及测量方式总结如表 4-2 所示。

表 4-2 相关变量的测量方式

变量	描述
因变量	
研发搜索	研发支出/营业收入
自变量	
负历史绩效反馈	(绩效—历史预期水平) × I_{ih}
正历史绩效反馈	(绩效—历史预期水平) × $(1 - I_{ih})$
负社会绩效反馈	(绩效—社会预期水平) × I_{is}
正社会绩效反馈	(绩效—社会预期水平) × $(1 - I_{is})$

续表

变量	描述
调节变量	
CEO 二元性	哑变量(CEO 二元性为 1,非 CEO 二元性为 0)
CEO 股权	CEO 持股/企业股本总额
环境动态性	五年销售收入对时间回归,回归系数的标准误差再除以行业均值
CSM	给定行业内所有公司 $\Delta\Pi^i/\Delta S^i$(公司边际利润的代理变量)和 ΔS^c 之间的相关系数
国企属性	哑变量(国企为 1,非国企为 0)
控制变量	
前十大股东的持股比例	前十大股东的持股/总股本
公司董事会规模	董事会人数
独立董事	人数占比及薪酬
规模	取对数的员工人数和取对数的总资产
年龄	财务年度—成立年份
冗余资源	沉淀性冗余、非沉淀性冗余、潜在冗余
Z 值预警指数	$Z=1.2\times\frac{运营资本}{总资产}+1.4\times\frac{留存收益}{总资产}+3.3\times\frac{息税前利润}{资产总额}+0.6\times\frac{普通股优先股市场价值总额}{负债账面价值总额}+1.0\times\frac{销售收入}{总资产}$
行业增长	五年销售收入对时间回归,回归系数再除以行业均值
环境复杂性	给定行业 5 年期所有企业终端年份市场份额(Y_i)对最初年份市场份额(X_i)的回归
行业集中度	行业内所有企业的市场份额平方之后,再进行加总,然后用每个企业的市场份额平方数除以加总的所有企业市场份额平方之后的加总和
行业类别	哑变量(10 个子类进行 0,1 变量处理)

4.3　模型估计

4.3.1　数据描述性统计

我们总结了所涉及的变量的描述性统计信息，如表 4-3 所示。

表 4-3　变量描述性统计

变量	观测值	均值	标准差	最小值	最大值
1. 研发搜索	9 132	0.022 8	0.029 4	0	0.750 2
2. 负历史绩效反馈	9 150	−0.042 7	0.259 0	−20.868 4	0
3. 正历史绩效反馈	9 150	0.024 3	0.090 5	0	4.397 2
4. 负社会绩效反馈	9 456	−0.034 6	0.103 7	−6.712 8	0
5. 正社会绩效反馈	9 456	0.027 7	0.060 8	0	1.337 9
6. CEO 二元性	7 712	0.245 6	0.430 5	0	1
7. CEO 股权	7 712	4.319 9	11.109 8	0	95.136 9
8. 环境动态性	9 384	0.033 2	0.019 9	0.004 3	0.189 0
9. CSM	9 456	0.025 5	0.058 2	−0.205 0	0.362 7
10. 国企属性	9 456	0.341 4	0.474 2	0	1
11. 前十大股东的持股比例	6 983	57.024 0	16.917 7	3.588 0	100.00
12. 公司董事会规模	7 712	5.549 2	1.535 5	0	13
13. 独立董事占比	7 581	0.712 3	0.384 0	0.166 7	9
14. 独立董事薪酬	7 570	10.730 3	0.552 7	1.203 7	19.968 2
15. 员工人数对数	8 536	7.356 7	1.276 2	1.098 6	12.118 9
16. 总资产对数	9 128	21.122 5	1.330 8	15.417 7	26.487 3
17. 年龄	9 456	12.272 6	5.007 7	0	34
18. 非沉淀性冗余	9 137	2.022 4	4.540 4	0.001 7	179.578 3
19. 沉淀性冗余	9 127	15.023 9	203.779 2	−0.560 7	13 069.57
20. 潜在冗余	9 137	52.838 5	158.386 8	0.708 0	9 695.932

续表

变量	观测值	均值	标准差	最小值	最大值
21. Z 值预警指数	9 138	5.972 8	16.019 3	−263.488	685.464 7
22. 行业增长	9 384	0.187 9	0.081 8	0.016 7	0.623 1
23. 环境复杂性	9 382	1.054 4	0.094 5	0.547 9	4.606 9
24. 行业集中度	9 384	0.053 5	0.057 4	0.017 6	0.637 7

在表 4-3 中所有变量的描述性统计中，研发搜索的均值为 0.022 8，明显要比现有文献中采用美国制造业企业为样本测量的研发搜索强度要低（现有文献测量的美国制造业企业研发搜索为 0.08 左右），尽管我国目前在大力支持研发投入，支持企业创新，但是数据显示我们和美国这样的发达国家还存在较大的差距。正历史绩效反馈与负历史绩效反馈、正社会绩效反馈与负社会绩效反馈这些变量的测量值与现有文献差别不大。

在表 4-4 中我们列出了所有变量的 Pearson 相关系数矩阵，其中制造业行业类别因为本身作为控制变量，而且又是哑变量处理，我们在相关系数矩阵表中给予省略，这样我们列出了 24 个变量的相关系数矩阵。

4.3.2 模型设定

根据研究内容和研究假设，我们在前人学者的研究基础上（Chen et al.，2007；Chen，2008；Lim et al.，2013a；Lim et al.，2013b；O'Brien et al.，2014），构建了本书的研究模型，我们采用的是独立的基于组织预期的绩效反馈模型，即社会预期比较和历史预期比较相分离。具体设定如下。

基于历史预期的绩效反馈与研发搜索关系模型：

表 4-4 变量 Pearson 相关系数矩阵

变量	1	2	3	4	5	6	7	8	9	10
1. 研发搜索	1.000 0									
2. 负历史绩效反馈	0.020 7*	1.000 0								
3. 正历史绩效反馈	0.026 1*	0.044 3***	1.000 0							
4. 负社会绩效反馈	0.145 0***	0.379 7***	0.004 5***	1.000 0						
5. 正社会绩效反馈	0.232 0***	0.011 1	0.473 2***	0.152 0***	1.000 0					
6. CEO 二元性	0.115 4***	-0.054 0***	-0.041 5***	-0.040 1***	1.000					
7. CEO 股权	0.230 9***	0.005 5***	-0.037 7***	0.046 8	-0.016 5	0.046 16***	1.000 0			
8. 国企属性	-0.260 7***	-0.021 7***	-0.016 8	-0.089 1***	-0.123 7***	-0.232 6***	-0.289 6***	1.000		
9. 环境动态性	-0.000 52	0.025 7*	0.035 8**	0.048 3***	0.065 4***	-0.072 4***	-0.052 8***	0.066 5***	1.000 0	
10. CSM	0.051 2***	0.021 3*	0.041 2***	0.026 0***	0.014 6	0.000 9	0.013 3	-0.003 6	0.023 9*	1.000 0
11. 前十大股东持股比例	0.248 4***	0.011 6	-0.020 7	0.106 0***	0.191 7***	0.038 2**	0.213 2***	-0.204 5***	0.067 6***	-0.007 8
12. 公司董事会规模	-0.085 8***	0.024 2*	-0.015 4	0.008 3	0.003 2	-0.083 8***	-0.118 2***	0.128 9***	0.031 1**	-0.001 7
13. 独立董事占比	0.072 7***	-0.009 4	0.024 5*	0.011 8	0.021 9	0.029 2*	0.051 0***	-0.078 0***	0.016 7	0.012 0
14. 独立董事薪酬	0.080 0***	0.038 3***	-0.019 2	0.104 9***	0.057 6***	0.023 1*	0.029 2*	-0.032 4**	0.012 6	0.021 1
15. 员工人数对数	-0.227 7***	0.110 3***	-0.102 2***	0.050 4***	-0.131 4***	-0.138 2***	-0.203 0***	0.270 1***	0.064 4***	-0.003 9
16. 总资产对数	-0.275 2***	0.093 7***	-0.062 3***	0.047 1***	-0.056 3***	-0.234 0***	-0.304 0***	0.354 3***	0.131 2***	0.011 6
17. 年龄	-0.202 2***	-0.000 7	0.065 6***	-0.003 1	0.003 6	-0.129 2***	-0.227 6***	0.228 9***	0.027 8**	0.019 7
18. 非沉淀性冗余	0.250 0***	-0.007 2	0.047 1***	0.069 8***	0.258 9***	0.038 0**	0.078 1***	-0.139 6***	0.039 9***	0.020 4
19. 沉淀性冗余	-0.014 8***	-0.035 1***	0.024 1*	-0.014 0	0.013 5	0.005 5	-0.014 0	0.006 9	0.012 3	-0.013 2
20. 潜在冗余	-0.072 3***	-0.479 4***	0.038 3***	-0.460 7***	-0.009 5	0.024 9*	-0.030 1*	0.049 3***	-0.019 4	-0.043 6***
21. *Z* 值预警指数	0.115 1***	0.116 1***	-0.001 1	0.149 2***	0.155 3***	0.033 5**	0.033 3**	-0.069 5***	0.023 5*	0.141 0***
22. 行业增长	0.025 2*	-0.003 9	0.028 2**	0.012 1	0.076 6***	-0.059 4***	-0.043 3***	0.063 8***	0.120 6***	0.011 8
23. 环境复杂性	0.033 6**	0.090 8***	-0.123 3***	0.031 7**	0.015 6	0.002 4	-0.032 9**	0.043 2***	0.070 6***	0.004 3
24. 行业集中度	-0.071 1***	-0.020 7*	0.005 6	-0.045 1***	-0.029 8**	-0.051 0***	-0.055 2***	0.145 9***	0.226 4***	0.013 2

续表

变量	11	12	13	14	15	16	17	18	19
11. 前十大股东持股比例	1.000 0								
12. 公司董事会规模	−0.001 9	1.000 0							
13. 独立董事占比	0.045 6**	−0.433 7***	1.000 0						
14. 独立董事薪酬	0.081 1***	0.041 4***	−0.134 6***	1.000 0					
15. 员工人数对数	0.060 6***	0.194 4***	−0.061 8***	0.128 9***	1.000 0				
16. 总资产对数	0.063 6***	0.218 3***	−0.038 6***	0.182 8***	0.769 5***	1.000 0			
17. 年龄	−0.361 7***	0.062 4***	−0.018 3	−0.012 8	0.124 6***	0.243 4***	1.000 0		
18. 非沉淀性冗余	0.200 6***	−0.040 0	0.020 5	0.023 4*	−0.176 3***	−0.076 3***	−0.036 7***	1.000 0	
19. 沉淀性冗余	−0.039 9***	−0.021 4	0.010 3	−0.006 8	−0.106 4***	−0.071 0***	0.034 1*	0.025 6*	1.000 0
20. 潜在冗余	−0.070 7***	−0.011 9	0.004 8	−0.028 5*	−0.105 2***	−0.086 2***	0.060 3***	−0.079 4***	0.090 1***
21. Z 值预警指数	0.141 0***	−0.027 7*	−0.002 5	0.009 8	−0.112 3***	−0.010 7	0.007 2	0.7[illegible]1 9***	0.002 3
22. 行业增长	0.057 5***	0.040 4***	0.009 5	0.004 0	0.063 8***	0.120 6***	0.011 8	−0.003 3	−0.001 5
23. 环境复杂性	0.031 7**	0.015 6	0.002 4	−0.032 9*	0.043 2***	0.070 6***	0.004 3	−0.005 2	0.000 6
24. 行业集中度	−0.015 9	0.039 9***	−0.017 2	0.004 6	0.043 4***	0.080 3***	−0.035*	−0.039 9***	0.009 1

变量	20	21	22	23	24
20. 潜在冗余	1.000 0				
21. Z 值预警指数	−0.401 7***	1.000 0			
22. 行业增长	0.009 6	−0.026 6*	1.000 0		
23. 环境复杂性	0.022 1*	−0.026 9*	0.713 5***	1.000 0	
24. 行业集中度	0.022 7*	−0.024 1*	0.214 2***	0.059 8***	1.000 0

注：* $p<0.05$，** $p<0.01$，*** $p<0.001$（双尾检验），部分变量做了对数化处理，不再赘述。

$$R\&D_{it} = \beta_0 + \beta_1 R\&D_{it-1} + \beta_2 I_{ih}(P_{it-1} - HA_{it-1}) + \beta_3(1 - I_{ih})(P_{it-1} - HA_{it-1}) + \beta_4 I_{ih}(P_{it-1} - HA_{it-1}) DUALITY_{it-1} + \beta_5 I_{ih}(P_{it-1} - HA_{it-1}) STOCK\text{-}OWNERSHIP_{it-1} + \beta_6 I_{ih}(P_{it-1} - HA_{it-1}) STATE\text{-}OWNERSHIP_{it-1} + \beta_7 I_{ih}(P_{it-1} - HA_{it-1}) STATE\text{-}OWNERSHIP_{it-1} + \beta_8 I_{ih}(P_{it-1} - HA_{it-1}) DYNAMISM_{it-1} + \beta_9 I_{ih}(P_{it-1} - HA_{it-1}) CSM_{it-1} + \beta_{10}(1 - I_{ih})(P_{it-1} - HA_{it-1}) DUALITY_{it-1} + \beta_{11}(1 - I_{ih})(P_{it-1} - HA_{it-1}) STOCK\text{-}OWNERSHIP_{it-1} + \beta_{12}(1 - I_{ih})(P_{it-1} - HA_{it-1}) STATE\text{-}OWNERSHIP_{it-1} + \beta_{13}(1 - I_{ih})(P_{it-1} - HA_{it-1}) STATE\text{-}OWNERSHIP_{it-1} + \beta_{14}(1 - I_{ih})(P_{it-1} - HA_{it-1}) DYNAMISM_{it-1} + \beta_{15}(1 - I_{ih})(P_{it-1} - HA_{it-1}) CSM_{it-1} + \beta_{16} DUALITY_{it-1} + \beta_{17} STOCK\text{-}OWNERSHIP_{it-1} + \beta_{18} STATE\text{-}OWNERSHIP_{it-1} + \beta_{19} DYNAMISM_{it-1} + \beta_{20} CSM_{it-1} + \beta_{21} QSD_{it-1} + \beta_{22} BOARD_{it-1} + \beta_{23} ID_{it-1} + \beta_{24} LN\ IDPAY_{it-1} + \beta_{25} LNEMPLOYEES_{it-1} + \beta_{26} LNASSET_{it-1} + \beta_{27} AGE_{it-1} + \beta_{28} UNABSORBED\text{-}SLACK_{it-1} + \beta_{29} ABSORBED\text{-}SLACK_{it-1} + \beta_{30} POTENTIAL\text{-}SLACK_{it-1} + \beta_{31} Z_{it-1} + \beta_{32} MUNIFICENCE_{it-1} + \beta_{33} COMPLEXITY_{it-1} + \beta_{34} HHI_{it-1} + \beta_{35} INDUSTRY_i + \varepsilon_{it-1}$$

模型中，$R\&D_{it}$ 表示因变量研发搜索，$I_{ih}(P_{it-1} - HA_{it-1})$ 表示基于历史预期的负绩效反馈，$(1 - I_{ih})(P_{it-1} - HA_{it-1})$ 表示基于历史预期的正绩效反馈，$DUALITY_{it-1}$ 表示 CEO 二元性，$STOCK\text{-}OWNERSHIP_{it-1}$ 表示 CEO 持有股权，$STATE\text{-}OWNERSHIP_{it-1}$ 表示国有企业属性，$DYNAMISM_{it-1}$ 表示环境动态性，CSM_{it-1} 表示行业竞争互动。代理理论层面的控制变量中，QSD_{it-1} 表示前十大股东持股比例，$BOARD_{it-1}$ 表示董事会规模，ID_{it-1} 表示独立董事人数占董事会比重，$LN\ IDPAY_{it-1}$ 表示对数处理的独立董事薪酬。企业层面的控制变量中，$LNEMPLOYEES_{it-1}$ 表示对数处理的员工人数，$LNASSET_{it-1}$ 表示对数处理的总资产，AGE_{it-1} 表示企业年龄，$UNABSORBED\text{-}SLACK_{it-1}$、$ABSORBED\text{-}SLACK_{it-1}$、$POTENTIAL\text{-}SLACK_{it-1}$ 分别表示非沉淀性冗余、沉淀性冗余及潜在冗余资源，Z_{it-1} 表示企业的 Z 值预警指数。行业层面的控制变量中，$MUNIFICENCE_{it-1}$ 表示企业行业环境的增长，$COMPLEXITY_{it-1}$ 表示行业复杂性，HHI_{it-1} 表示行业集中程度，$INDUSTRY_i$ 表示行业类别。i 表示单个企业，t 表示时间。ε_{it-1} 为残差项。

基于社会预期的绩效反馈与研发搜索关系模型：

$$
\begin{aligned}
R\&D_{it} = {} & \beta_0 + \beta_1 R\&D_{it-1} + \beta_2 I_{is}(P_{it-1} - SA_{it-1}) + \beta_3(1 - I_{is})(P_{it-1} - SA_{it-1}) + \\
& \beta_4 I_{is}(P_{it-1} - SA_{it-1})\, DUALITY_{it-1} + \beta_5 I_{is}(P_{it-1} - SA_{it-1})\, \text{STOCK-OWNERSHIP}_{it-1} + \\
& \beta_6 I_{is}(P_{it-1} - SA_{it-1})\, \text{STATE-OWNERSHIP}_{it-1} + \beta_7 I_{is}(P_{it-1} - SA_{it-1})\, \text{STATE-OWNERSHIP}_{it-1} + \\
& \beta_8 I_{is}(P_{it-1} - SA_{it-1})\, DYNAMISM_{it-1} + \beta_9 I_{is}(P_{it-1} - SA_{it-1})\, CSM_{it-1} + \\
& \beta_{10}(1 - I_{is})(P_{it-1} - SA_{it-1})\, DUALITY_{it-1} + \beta_{11}(1 - I_{is})(P_{it-1} - SA_{it-1})\, \text{STOCK-OWNERSHIP}_{it-1} + \\
& \beta_{12}(1 - I_{is})(P_{it-1} - SA_{it-1})\, \text{STATE-OWNERSHIP}_{it-1} + \beta_{13}(1 - I_{is})(P_{it-1} - SA_{it-1})\, \text{STATE-OWNERSHIP}_{it-1} + \\
& \beta_{14}(1 - I_{is})(P_{it-1} - SA_{it-1})\, DYNAMISM_{it-1} + \beta_{15}(1 - I_{is})(P_{it-1} - SA_{it-1})\, CSM_{it-1} + \beta_{16}\, DUALITY_{it-1} + \\
& \beta_{17}\, \text{STOCK-OWNERSHIP}_{it-1} + \beta_{18}\, \text{STATE-OWNERSHIP}_{it-1} + \beta_{19}\, DYNAMISM_{it-1} + \beta_{20}\, CSM_{it-1} + \\
& \beta_{21}\, QSD_{it-1} + \beta_{22}\, BOARD_{it-1} + \beta_{23}\, ID_{it-1} + \beta_{24}\, LN\ IDPAY_{it-1} + \\
& \beta_{25}\, LNEMPLOYEES_{it-1} + \beta_{26}\, LNASSET_{it-1} + \beta_{27}\, AGE_{it-1} + \beta_{28}\, \text{UNABSORBED-SLACK}_{it-1} + \\
& \beta_{29}\, \text{ABSORBED-SLACK}_{it-1} + \beta_{30}\, \text{POTENTIAL-SLACK}_{it-1} + \beta_{31} Z_{it-1} + \beta_{32}\, MUNIFICENCE_{it-1} \\
& + \beta_{33}\, COMPLEXITY_{it-1} + \beta_{34}\, HHI_{it-1} + \beta_{35}\, INDUSTRY_i + \varepsilon_{it-1}
\end{aligned}
$$

模型中，$I_{is}(P_{it-1} - SA_{it-1})$ 表示基于社会预期的负绩效反馈，$(1 - I_{is})(P_{it-1} - SA_{it-1})$ 表示基于社会预期的正绩效反馈，其余变量表示都与基于历史预期的绩效反馈与研发搜索关系模型相同。

4.3.3 Hausman 检验

我们采用面板数据来研究本书的主题，根据 Wooldridge(2002)的研究，采用面板数据的理由如下：一是面板数据能够增加研究变量的信息量，增加模型估计和统计量检验的自由度；二是能够提供可靠的动态分析；三是揭示研究主题可能存在的渐变过程。但是面板数据模型选择当中一个很重要的方面就是确定是采用哪种形式的面板数据模型。常用的面板数据模型包括混合面板模型、固定效应模型和随机效应模型。混合面板模型是将时间序列和各个横截面数据相混合进行估计，采用此模型的缺点是个体效应和不同时间点的变量关系都是同质的，无法准确地反映出变量随时间的渐变过程，因此我们不采用混合面板模型进行估计。固定效应模型是假设个体效应或者时间效应与模型解释变量相关；而随机效应模型假设个体效应或者时间效应与模型解释变量不相关。究竟是采用固定效应模型还是随机效应模型要进行 Hausman 检验。两个模型的 Hausman 检验结果的 chi2(28)=74.74，Prob>chi2=0.000 0；chi2(28)=184.27，Prob>chi2=0.000 0。检验结果说明应该采用固定效应模型。

4.4 本章小结

本章内容重点在于研究样本、变量测量和模型选择。首先，我们选择研究所采用的样本。其次我们对研究所涉及的变量的测量方式进行了说明。最后对研究所用模型进行了说明。

第五章 实证分析及结果

本章主要针对本研究所构建的模型，对中国制造业上市公司2006—2012年的样本数据进行回归分析，以期验证本研究提出的假设。本章的安排是先对面板数据模型可能存在的内生性问题进行检验。接着对研究提出的假设进行固定面板回归分析，本研究采用的是历史预期和社会预期相独立的模型，因此我们对于绩效反馈与研发搜索关系的主效应和调节效应的固定面板回归分析也是按照历史预期和社会预期相分离的方法进行。对于主效应和调节效应的分析，我们采用列表和图示相结合的方法进行说明。最后我们对本研究进行了稳健性检验。

5.1 内生性检验

内生性是指由于模型中忽略了一些变量可能造成的影响，而可能对模型估计结果产生一定偏差，使研究得不到真实的结论。为了尽可能地控制研究可能存在的内生性问题，我们进行了如下步骤的内生性检验。

内生性的产生往往是因为现有模型没有考虑到对因变量或者自变量产生影响的变量。我们考虑因变量。首先，我们的模型将因变量滞后了一年，来避免内生性问题。如果采用同时期的因变量和自变量进行回归，自变量的变化可能会同时受到因变量影响，造成因果关系混乱，将因变量滞后处理能够确保不会出现潜在的因果混乱。其次，我们的模型采用固定面板可以有效减少由于忽略了时间变化变量所造成的研究结论偏差，一定程度上也避免了内生性问题。接着，我们针对文献中提出的可能对研发搜索造成潜在内生性影响的内生性变量，例如非沉淀冗余、沉淀性冗余及潜在冗余等，采用其滞后变量作为工具变量进行研究。结果发现对因变量不存在显著影响，即内生性问题对本书构建的模型不构成影响。

5.2　绩效反馈与研发搜索主效应分析

第三章我们提出了本研究的主效应假设，包括假设 H1a、H1b 及假设 H2。对于假设 H1a 和假设 H1b，我们的模型分别采用历史预期和社会预期相分离的固定面板回归进行分析，回归结果如下表 5-1 和表 5-2 所示，通过回归分析的结果可以看出，基于历史预期的绩效反馈与研发搜索主效应，只有负绩效反馈对研发搜索的影响是显著的，并且是显著负相关，回归系数为−0.002 2（$p<0.05$）。基于社会预期的绩效反馈与研发搜索主效应关系都显著，其中负绩效反馈对研发搜索的影响是显著负相关的，回归系数为−0.014 3（$p<0.001$）；正绩效反馈对研发搜索的影响是显著正相关的，回归系数为 0.013 2（$p<0.05$）。除此之外，我们的研究还发现控制变量中前十大股东持股比例、独立董事薪酬、总资产对数、企业年龄、非沉淀性冗余、沉淀性冗余及潜在冗余这些变量都对研发搜索有显著影响。通过主效应分析，我们验证了所提出的假设 H1a 和假设 H1b。

表 5-1　历史绩效反馈与研发搜索主效应固定面板回归结果

控制变量	研发搜索（滞后）			
	模型 1		模型 2	
前一年的研发搜索	0.102 7***	(5.86)	0.087 6***	(4.96)
前十大股东持股比例	0.000 2***	(8.42)	0.000 2***	(7.32)
公司董事会规模	−0.000 2	(−0.70)	−0.000 1*	(−0.15)
独立董事占比	0.001 0	(0.98)	0.000 6	(0.57)
独立董事薪酬	−0.001 7*	(−2.45)	−0.001 9**	(−2.77)
员工人数对数	0.000 4	(0.86)	0.000 5	(1.01)
总资产对数	−0.002 0***	(−3.71)	−0.001 7**	(−3.10)

续表

控制变量		研发搜索(滞后)			
		模型 1		模型 2	
年龄		−0.000 3***	(−3.57)	−0.000 3**	(−3.17)
非沉淀性冗余		0.000 8***	(3.07)	0.000 7***	(3.52)
沉淀性冗余		0.000 0	(3.05)	0.000 0**	(3.22)
潜在冗余		−0.000 0***	(−2.72)	−0.000 0**	(−2.87)
Z 值预警指数		−0.000 1	(−1.54)	−0.000 1	(−1.46)
行业增长		−0.008 6	(−1.29)	−0.012 7	(−1.62)
环境复杂性		0.000 3	(0.43)	0.000 6	(0.81)
行业集中度		−0.012 5*	(−1.96)	−0.011 5	(−1.77)
行业类别		控制	—	控制	—
常数		0.064 6***	(5.87)	0.061 2***	(5.55)
自变量					
负历史绩效反馈				−0.002 2*	(−1.92)
正历史绩效反馈				0.006 0	(1.54)
调节变量					
CEO 二元性				0.000 1	(0.11)
CEO 股权				0.000 1**	(3.17)
环境动态性				0.026 4	(1.10)
CSM				−0.001 5	(−0.22)
国企属性				−0.003 6***	(−4.37)
R^2	组内	0.096 8		0.107 1	
	组间	0.125 1		0.115 6	
	整体	0.082 4		0.090 9	
F 值		41.84***		39.53***	
观测值数量		3 830		3 830	

注:* $p<0.05$,** $p<0.01$,*** $p<0.001$(双尾检验),部分变量做了对数化处理,行业类别做哑变量处理,不再赘述。

为区别基于两种不同组织预期的绩效反馈对研发搜索的影响，我们将其分别做回归分析，表 5-2 是基于社会预期的绩效反馈与研发搜索主效应固定面板回归结果。

表 5-2　社会绩效反馈与研发搜索主效应固定面板回归结果

控制变量	研发搜索(滞后)			
	模型 1		模型 2	
前一年的研发搜索	0.104 4***	(5.86)	0.089 9***	(5.11)
前十大股东持股比例	0.000 2***	(8.42)	0.000 2***	(7.46)
公司董事会规模	−0.000 2	(−0.70)	−0.000 1	(−0.26)
独立董事占比	0.001 0	(0.98)	0.000 5	(0.46)
独立董事薪酬	−0.001 7*	(−2.45)	−0.001 9**	(−2.74)
员工人数对数	0.000 4	(0.86)	0.000 6	(1.17)
总资产对数	−0.002 0***	(−3.71)	−0.001 6**	(−3.05)
年龄	−0.000 3***	(−3.57)	−0.000 3**	(−3.27)
非沉淀性冗余	0.000 8***	(3.97)	0.000 8***	(3.67)
沉淀性冗余	0.000 0	(3.05)	0.000 0***	(3.37)
潜在冗余	−0.000 0***	(−2.72)	−0.000 0***	(−4.15)
Z 值预警指数	−0.000 1	(−1.54)	−0.000 1	(−1.75)
行业增长	−0.008 6	(−1.29)	−0.012 6	(−1.62)
环境复杂性	0.000 3	(0.43)	0.000 6	(0.73)
行业集中度	−0.012 5*	(−1.96)	−0.011 4	(−1.76)
行业类别	控制	—	控制	—
常数	0.064 6***	(5.87)	0.059 6***	(5.41)
自变量				
负社会绩效反馈			−0.014 3***	(−4.69)
正社会绩效反馈			0.013 2*	(1.71)
调节变量				
CEO 二元性			−0.000 0	(−0.03)
CEO 股权			0.000 2**	(3.35)

续表

控制变量		研发搜索(滞后)			
		模型 1		模型 2	
环境动态性				0.026 2	(1.09)
CSM				−0.001 9	(−0.29)
国企属性				−0.003 6***	(−4.36)
R^2	组内	0.096 8		0.111 1	
	组间	0.125 1		0.226 7	
	整体	0.082 4		0.091 7	
F 值		41.84***		39.46***	
观测值数量		3 830		3 830	

注：* $p<0.05$，** $p<0.01$，*** $p<0.001$（双尾检验），部分变量做了对数化处理，行业类别做哑变量处理，不再赘述。

针对主效应假设，我们画出了主效应的图示，如图 5-1—图 5-4 所示，其中只有基于历史预期的负绩效反馈与研发搜索关系不显著，但是我们参考现有文献的做法，依然画出了这两者之间的关系，并且用虚线表示，以区别主效应显著的图示。现有研究采用权重模型的通常将负绩效反馈和正绩效反馈画在一张图示中，根据主效应的不同，呈现出不同的折线。本研究虽然将负绩效反馈和正绩效反馈相分离，但是如果放在同一张图中，那么主效应关系应该是 V 形的。

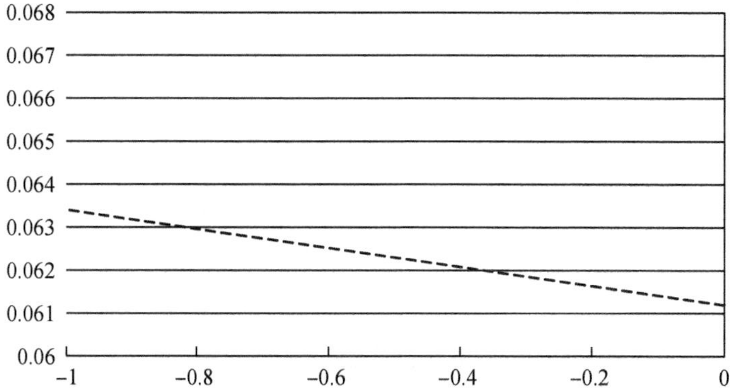

图 5-1　负历史绩效反馈与研发搜索关系

图 5-1 所示的负历史绩效反馈与研发搜索关系，虽然不显著，但是其方向和趋势都证明了随着绩效偏离历史预期水平的增加，组织会寻求变化，容忍更多的风险和不确定性，增加研发投入。

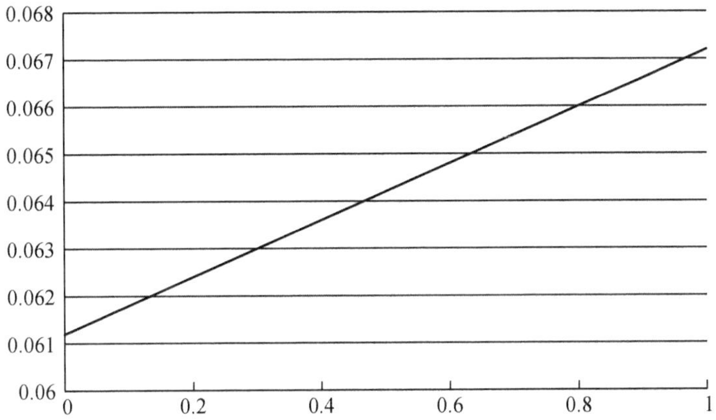

图 5-2　正历史绩效反馈与研发搜索关系

图 5-2 所示的正历史绩效反馈与研发搜索关系表明，当企业绩效高于历史预期水平时，企业会从事基于绩效冗余的研发搜索。基于历史预期的绩效反馈更多地表示企业自身的经验和能力，其从自身以往的经验中进行学习。

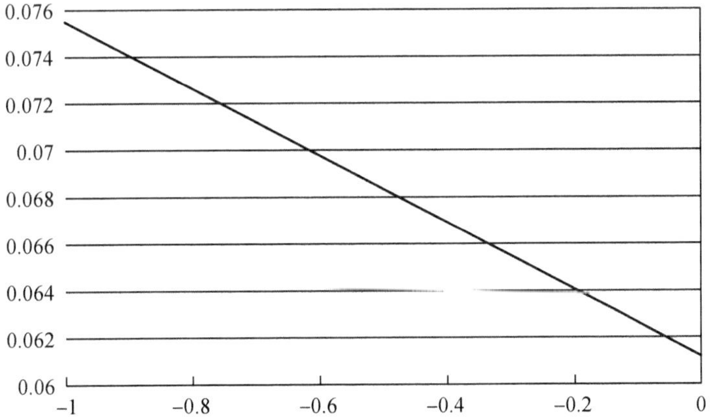

图 5-3　负社会绩效反馈与研发搜索关系

图 5-3 所示的负社会绩效反馈与研发搜索关系表明，随着企业绩效偏离社会预期，也就是与可比较的同行业企业绩效水平的差距越来越大，企业将增加研发搜索，企业将社会预期作为基准点，从中获取的信息显示企业在行业中的绩效水平如何，通过时刻观察参照组的绩效来时刻保持竞争优势，是企业设定发展目标的重要前提（Fiegenbaum et al.，1995）。

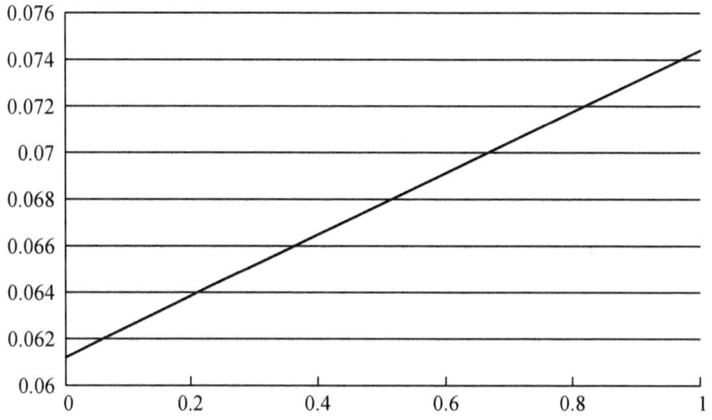

图 5-4　正社会绩效反馈与研发搜索关系

图 5-4 所示的正社会绩效反馈与研发搜索关系表明，当绩效高于同行业参照组绩效水平时，企业会进行冗余驱动的研发搜索。

假设 H1a 和假设 H1b 只是揭示了绩效反馈与研发搜索的关系，十分有趣地是，很多研究都重注比较在哪种绩效反馈情形下，企业承担研发搜索风险的意愿会更强。换句话说，也就是我们所提出的假设 H2 是否成立，为此需要进一步验证假设 H2。我们采用两种方法来检验假设 H2 所提出的负绩效反馈带来的研发搜索强度增加要比正绩效反馈带来的研发搜索强度增加明显。由于基于历史预期的负绩效反馈对研发搜索强度的回归结果不显著，因此我们不进行基于历史预期的负绩效反馈与研发搜索关系系数和正绩效反馈与研发搜索关系系数是否存在显著性差异的比较。而基于社会预期的负绩效反馈对研发搜索强度回归结果和正绩效反馈对研发搜索强度回归结果都显著，分别为−0.014 3（$p<0.001$）、0.013 2（$p<0.05$）。我们在 Stata 中采用 test$\beta_1=\beta_2$ 的命令，检验两个回归系数是否存在显著差

异，即负社会绩效反馈对研发搜索强度的影响和正社会绩效反馈对研发搜索强度的影响程度是否相同。原始假设假定两者无差异，若检验结果显著，$p<0.05$，则拒绝原始假设，认为二者存在显著差异。检验结果显示 $F(1,3793)=10.31$，$Prob>F=0.0013$，$p<0.05$，拒绝原始假设。负社会绩效反馈对研发搜索强度的影响程度和正社会绩效反馈对研发搜索强度的影响程度存在显著差异。接着我们进行 lincom $\beta_1-\beta_2=0$ 检验，结果如图 5-3：

表 5-3　回归系数差异性检验

研发搜索(滞后)	系数	S. E.	t	$P>\|t\|$	[95% Conf. Interval]	
(1)	−0.027 6	0.008 6	−3.21	0.001	−0.044 4	−0.010 73

从回归系数差异性检验结果来看，$p=0.001$，负社会绩效反馈对研发搜索的影响程度和正社会绩效反馈对研发搜索的影响程度存在显著差异。并且根据 Baum et al.(2005)的研究所指出的方法，负社会绩效反馈对研发搜索的影响程度大约是正社会绩效反馈对研发搜索的影响程度的 1.083 倍，负社会绩效反馈对研发搜索的影响程度和正社会绩效反馈对研发搜索的影响程度不仅存在显著差异，而且负绩效反馈带来的研发搜索强度增加要比正绩效反馈带来的研发搜索强度增加更明显。从而假设 H2 得到了支持。

5.3　绩效反馈与研发搜索调节效应分析

本部分主要对研究假设提出的调节效应进行分析，我们从代理理论、外部环境、国企属性角度分别提出了能够影响绩效反馈与研发搜索主效应的调节变量——CEO 二元性、CEO 持股股权、环境动态性、CSM 及国有企业属性。表 5-4 列出了绩效反馈与研发搜索调节效应固定面板回归分析的结果。根据现有文献体现的，采用历史预期和社会预期相分离的模型，只要两种组织预期模型中任意一种模型假设的关系显著，就可以认为这种假设关系存在(Lim et al.,2013b)。从回归分析结果来看，CEO 二元性对负绩效反馈与研发搜索关系的调节效应显著存在，并且正向影响二者之间的负向关系，回归系数为 0.047 7($p<0.001$)，假设 H3a 得

到了支持;CEO 二元性对正绩效反馈与研发搜索关系的调节效应不存在,回归系数为 0.001 2($p>0.05$),假设 H3b 没有得到支持。CEO 股权对负绩效反馈与研发搜索关系的调节效应显著存在,并且正向影响二者之间的负向关系,回归系数为 0.003 1($p<0.05$),假设 H4a 得到了支持;CEO 股权对正绩效反馈与研发搜索关系的调节效应不存在,回归系数为−0.001 0($p>0.05$),假设 H4b 没有得到支持。环境动态性对负绩效反馈与研发搜索关系的调节效应显著存在,并且正向影响二者之间的负向关系,回归系数为 1.130 0($p<0.001$),假设 H5a 得到了支持;环境动态性对正绩效反馈与研发搜索关系的调节效应显著存在,并且负向影响二者之间的正向关系,回归系数为−0.492 5($p<0.05$),假设 H5b 得到了支持。CSM 对负绩效反馈与研发搜索关系的调节效应显著存在,并且正向影响二者之间的负向关系,回归系数为 0.135 7($p<0.001$),假设 H6a 得到了支持;CSM 对正绩效反馈与研发搜索关系的调节效应显著存在,并且负向影响二者之间的正向关系,回归系数为−0.462 6($p<0.05$),假设 H6b 得到了支持。国有企业属性对负绩效反馈与研发搜索关系的调节效应显著存在,并且正向影响二者之间的负向关系,回归系数为 0.051 67($p<0.001$),假设 H7a 得到了支持;国有企业属性对正绩效反馈与研发搜索关系的调节效应显著存在,并且负向影响二者之间的正向关系,回归系数为−0.012 1($p<0.05$),假设 H7b 得到了支持。

表 5-4　绩效反馈与研发搜索调节效应固定面板回归结果

控制变量	研发搜索(滞后)			
	模型 3(历史预期)		模型 3(社会预期)	
前一年的研发搜索	0.088 0***	(5.05)	0.100 1***	(5.78)
前十大股东持股比例	0.000 2***	(7.61)	0.000 2***	(8.58)
公司董事会规模	−0.000 2	(−0.56)	−0.000 2	(−0.60)
独立董事占比	0.000 3	(0.29)	0.000 2	(0.17)
独立董事薪酬	−0.001 9**	(−2.75)	−0.001 7*	(−2.56)
员工人数对数	0.000 6	(1.14)	0.000 6	(1.24)
总资产对数	−0.001 4**	(−2.66)	−0.001 4**	(−2.64)

续表

控制变量	研发搜索(滞后)			
	模型3(历史预期)		模型3(社会预期)	
年龄	−0.000 3***	(−3.50)	−0.000 4***	(−3.79)
非沉淀性冗余	0.000 7***	(3.57)	0.000 8***	(3.90)
沉淀性冗余	0.000 0**	(3.41)	0.000 0***	(3.12)
潜在冗余	−0.000 0**	(−2.35)	−0.000 0**	(−2.99)
Z 值预警指数	−0.000 0	(−1.64)	−0.000 1	(−1.82)
行业增长	−0.014 6	(−1.89)	−0.015 9*	(−2.07)
环境复杂性	0.000 9	(1.16)	0.001 2	((1.58)
行业集中度	−0.010 6	(−1.65)	−0.010 8	(−1.70)
行业类别	控制	—	控制	—
常数	0.053 1***	(4.84)	0.045 5***	(4.17)
自变量				
负历史绩效反馈	−0.064 8***	(−10.08)		
正历史绩效反馈	−0.005 0	(−0.31)		
负社会绩效反馈			−0.134 4***	(−13.15)
正社会绩效反馈			0.061 7***	(3.26)
调节变量				
CEO 二元性	0.000 8	(0.72)	0.002 3	(1.84)
CEO 股权	0.000 2***	(3.82)	0.000 3***	(3.93)
环境动态性	0.043 5	(1.76)	0.106 1***	(1.84)
CSM	0.002 1	(0.31)	0.012 3	(1.75)
国企属性	−0.001 8*	(−1.98)	−0.000 9	(−0.97)
交互项				
负历史绩效反馈* CEO 二元性	0.017 6***	(3.56)		
负历史绩效反馈* CEO 股权	0.001 3	(1.56)		
负历史绩效反馈* 环境动态性	0.182 5*	(2.25)		
负历史绩效反馈* CSM	0.043 8*	(1.66)		

续表

控制变量		研发搜索(滞后)			
		模型 3(历史预期)		模型 3(社会预期)	
负历史绩效反馈* 国企属性		0.047 8***	(7.39)		
正历史绩效反馈* CEO 二元性		0.018 3	(0.82)		
正历史绩效反馈* CEO 股权		−0.002 8	(−1.39)		
正历史绩效反馈* 环境动态性		−0.163 8	(−0.55)		
正历史绩效反馈* CSM		−0.038 7	(−0.47)		
正历史绩效反馈* 国企属性		0.010 5	(0.97)		
负社会绩效反馈* CEO 二元性				0.047 7***	(5.87)
负社会绩效反馈* CEO 股权				0.003 1*	(2.36)
负社会绩效反馈* 环境动态性				1.130 0***	(5.10)
负社会绩效反馈* CSM				0.135 7***	(3.52)
负社会绩效反馈* 国企属性				0.051 67***	(5.76)
正社会绩效反馈* CEO 二元性				0.001 2	(0.04)
正社会绩效反馈* CEO 股权				−0.001 0	(−0.71)
正社会绩效反馈* 环境动态性				−0.492 5*	(−1.11)
正社会绩效反馈* CSM				−0.462 6***	(−3.57)
正社会绩效反馈* 国企属性				−0.012 1*	(−0.81)
R^2	组内	0.131 7		0.148 9	
	组间	0.341 6		0.557 0	
	整体	0.105 1		0.107 9	
F 值		45.86***		50.53***	

注:* $p<0.05$,** $p<0.01$,*** $p<0.001$(双尾检验),部分变量做了对数化处理,行业类别做哑变量处理,不再赘述。

所有调节变量假设中,只有 CEO 二元性、CEO 股权对正绩效反馈与研发搜索关系的调节效应不显著,其他的假设都得到了支持。

除此之外,我们还发现前十大股东的股权对研发投入有正向影响,回归系数为 0.001 2($p<0.001$),表明大股东对研发投入这样的风险行为持支持态度。企业的

资产规模越大，年龄越大，对风险的容忍也就越差，回归系数分别为－0.001 4($p<$ 0.01)、－0.000 4($p<$0.001)。企业拥有的冗余资源越多(除潜在冗余，因为其以负债形式表现，相应地，负债越多就表示企业资源越少)，越有能力进行研发搜索，回归系数为 0.000 8($p<$0.001)、0.000 0($p<$0.001)。

我们通过画出调节效应的图示，来进一步观察调节变量对主效应的影响，由于对基于社会预期的绩效反馈和研发搜索关系调节效应显著的调节变量个数明显多于对基于历史预期的绩效反馈和研发搜索关系调节效应显著的个数。因此我们的调节效应图主要画出基于社会预期的绩效反馈和研发搜索调节关系。需要指出的是，尽管 CEO 二元性、CEO 股权对正绩效反馈与研发搜索关系的调节效应不显著，但是为了对比起见，我们依然画出了其调节效应图示。所有的调节效应图如图 5-5—图 5-14 所示。

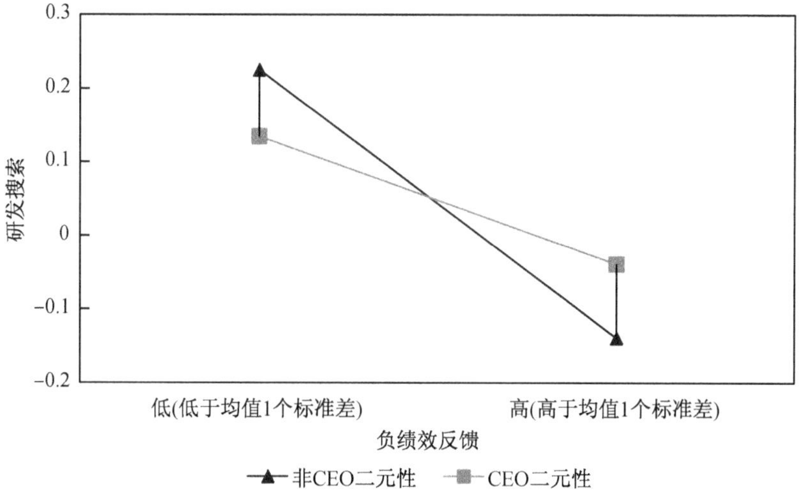

图 5-5 CEO 二元性对负绩效反馈与研发搜索关系的调节作用

图 5-5 所示为 CEO 二元性对负绩效反馈与研发搜索关系的调节作用，从图中可以看出，当 CEO 具备二元性，即同时兼任着董事会主席的职务时，企业绩效偏离预期水平越远，兼任董事会主席的 CEO 倾向于减少研发搜索强度，这与 CEO 本身的权利和对待风险的态度有关，CEO 二元性正向调节负绩效反馈与研发搜索关系。

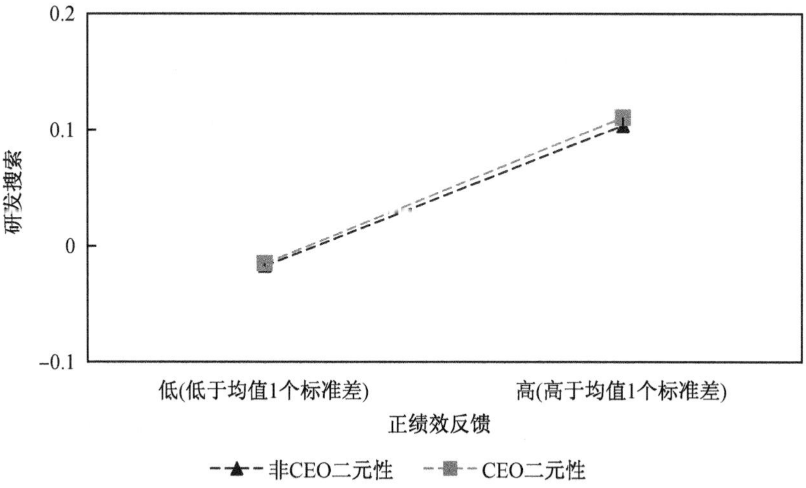

图 5-6　CEO 二元性对正绩效反馈与研发搜索关系的调节作用

图 5-6 所示为 CEO 二元性对正绩效反馈与研发搜索关系的调节作用，图示并没有支持本研究的假设。反而同时兼任董事会主席的 CEO 在绩效高于预期水平情形时，会倾向于增加研发。我们在结论部分会给出可能的解释。

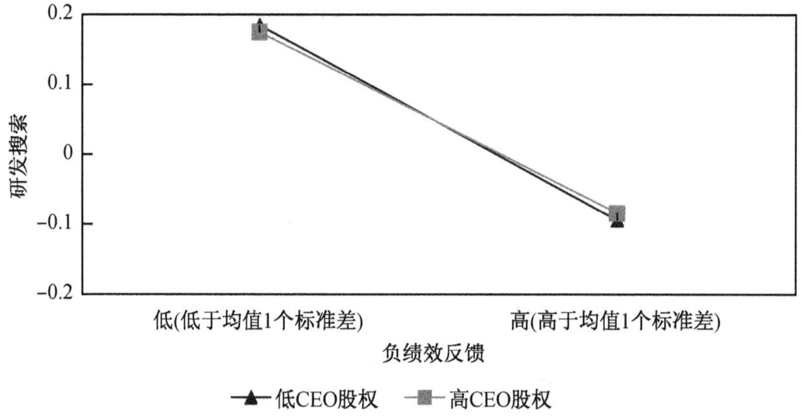

图 5-7　CEO 股权对负绩效反馈与研发搜索关系的调节作用

图 5-7 所示为 CEO 股权对负绩效反馈与研发搜索关系的调节作用，从图中可以看出，随着 CEO 持股比例的增大，其风险规避的倾向也在增加，高 CEO 股权会导致企业在负绩效反馈情形下减少研发支出。

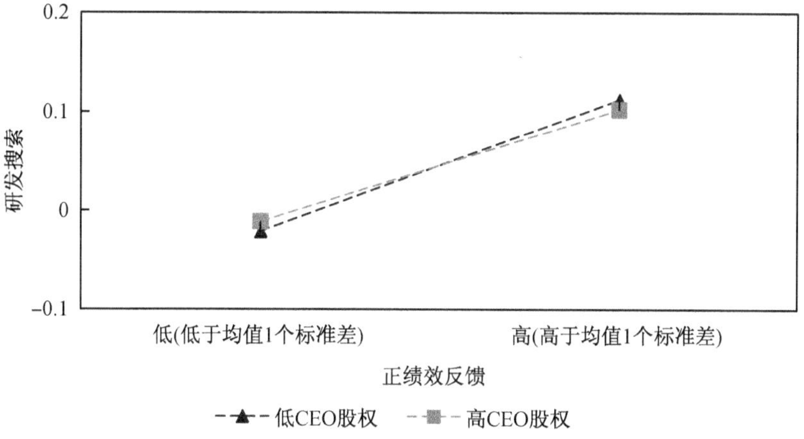

图 5-8 CEO 股权对正绩效反馈与研发搜索关系的调节作用

图 5-8 所示为 CEO 股权对正绩效反馈与研发搜索关系的调节作用，虽然研究假设并没有得到支持，但是其呈现出 CEO 股权对正绩效反馈与研发搜索关系的负向调节趋势。

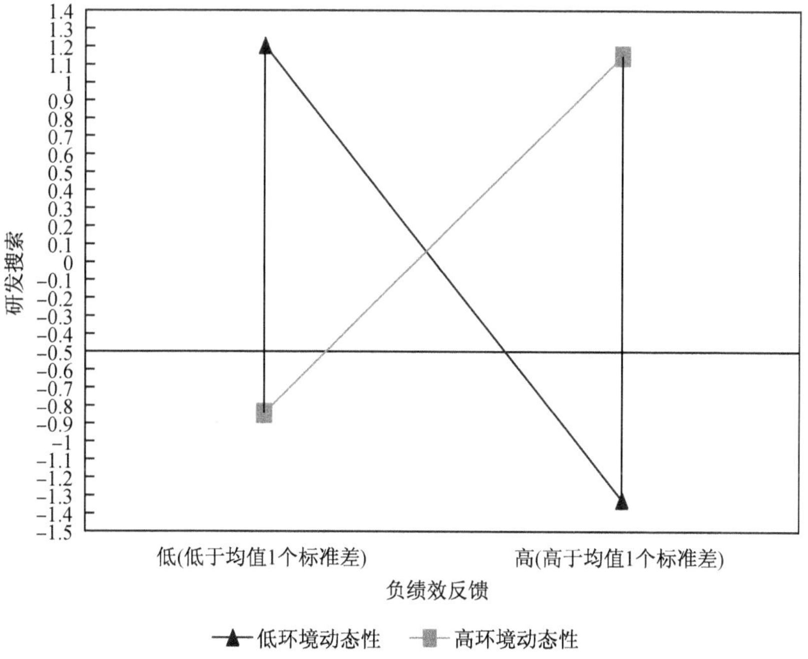

图 5-9 环境动态性对负绩效反馈与研发搜索关系的调节作用

图 5-9 示为环境动态性对负绩效反馈与研发搜索关系的调节作用，从图中可以看出来，当环境动态性越高，企业绩效负向偏离预期水平时，企业从事研发搜索的可能性降低。

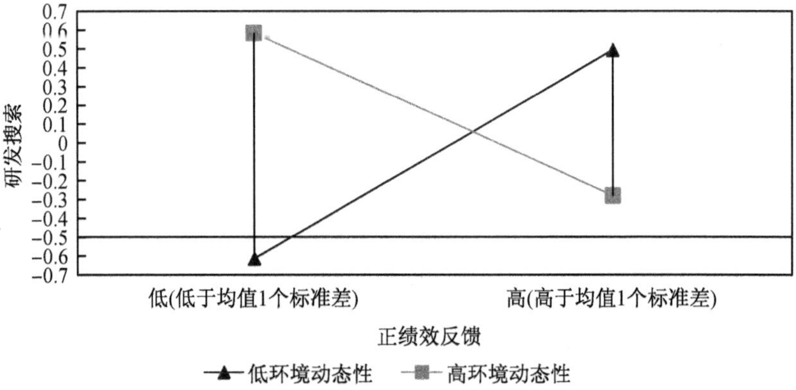

图 5-10　环境动态性对正绩效反馈与研发搜索关系的调节作用

图 5-10 示为环境动态性对正绩效反馈与研发搜索关系的调节作用，从图中可以看出来，当环境动态性越高，企业绩效正向偏离预期水平时，企业从事研发搜索的可能性也会降低，表明环境动态性增加了企业面临的额外风险和不确定性。

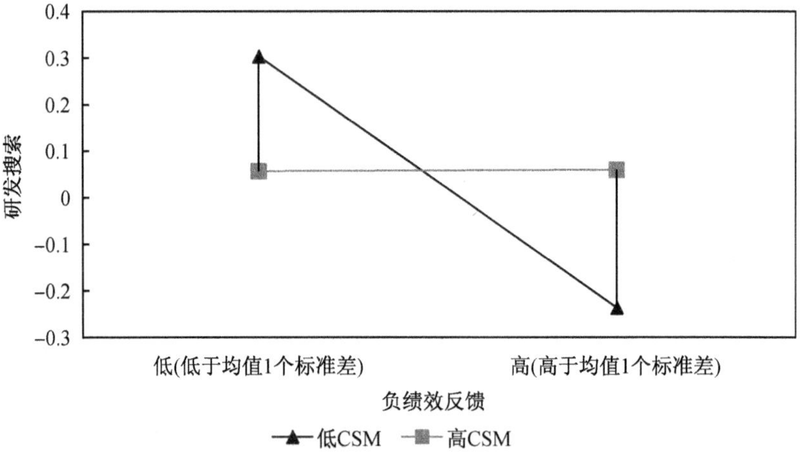

图 5-11　CSM 对负绩效反馈与研发搜索关系的调节作用

图 5-11 示为 CSM 对负绩效反馈与研发搜索关系的调节作用，从图中可以看出来，当行业跟风研发和模仿创新的程度较高时，企业从事研发搜索的意愿是在降低的。高程度的跟风研发和模仿创新环境，增加了企业研发活动所面临的外部风险。

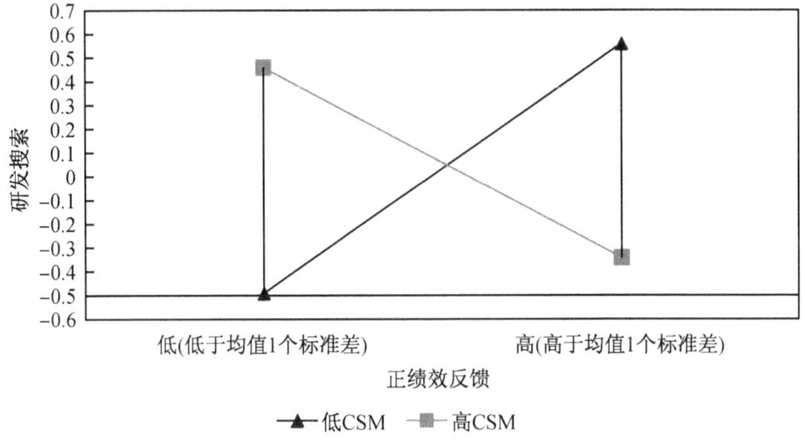

图 5-12 CSM 对正绩效反馈与研发搜索关系的调节作用

图 5-12 示为 CSM 对正绩效反馈与研发搜索关系的调节作用，企业面临正绩效反馈时，会进行由绩效带来的冗余搜索，然而外部高程度的行业研发跟风和模仿

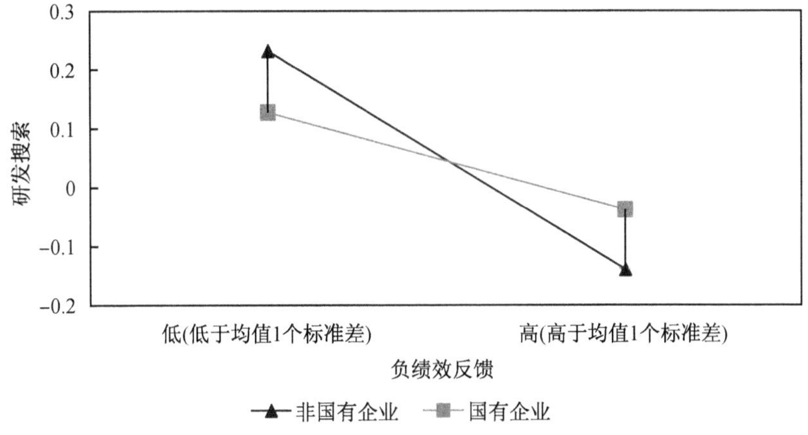

图 5-13 国企属性对负绩效反馈与研发搜索关系的调节作用

创新使得企业研发面临着较多的风险和不确定性，尽管增加了研发投入但是也有可能因为竞争对手的模仿，企业无法从研发中获利，因此其从事研发的意愿在高程度跟风研发和模仿创新行业竞争情境下也会降低。

图 5-13 为国有企业属性对负绩效反馈与研发搜索关系的调节作用，中国国有企业在制度上享有的优势使其相比于其他属性的非国有企业，在创新及风险承担上较为乏力，因此，国有企业在面对负绩效反馈时，相比于非国有企业，较少意愿从事研发。

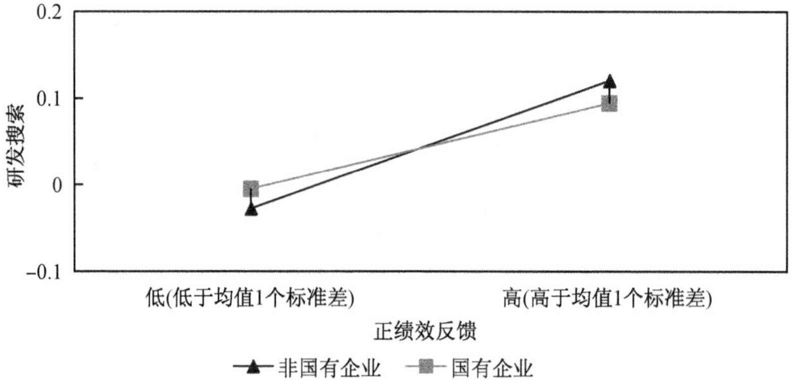

图 5-14　国企属性对正绩效反馈与研发搜索关系的调节作用

图 5-14 为国有企业属性对正绩效反馈与研发搜索关系的调节作用，从图中可以看出，相比于非国有企业，面对较好的绩效高于预期水平情形，国有企业从事较少的研发搜索。

5.4　稳健性检验

前文文献回顾指出，有关组织预期和绩效反馈主题的研究，十分关键的在于组织预期以及基于组织预期的绩效反馈的测量。尽管我们总结了现有研究中测量组织预期和绩效反馈的四种方法以及 Bromiley & Harris(2014)认为的选择独立模型最为合适的结论，但现有研究中仍然存在着不同的测量组织预期和绩效反馈的方法。本研究采用的是社会预期和历史预期相分离的独立模型，但是也有不少学者的研究采用了权重模型来测量组织预期和绩效反馈(O'Brien et al.,2014),甚至采用权重模型来用于独立模型的稳健性检验(Lim et al.,2013b)。而这些权重模型的运用大都是基于 Greve(2003a)的测量方法。

$$A_{ti} = a_1 SA_{ti} + (1 - a_1) HA_{ti}$$

$$SA_{ti} = (\sum_{j \neq i} SA_{tj}) / (N - 1)$$

$$HA_{ti} = a_2 HA_{t-1,i} + (1 - a_2) P_{t-1}$$

其中,t 代表时间,i 和 j 代表企业,A 代表组织预期,HA 代表历史比较水平,SA 代表社会比较水平,Greve 经过极大似然估计,最后赋予 a_1 值为 0.8,a_2 值为 0.2。

因此我们对于绩效反馈和研发搜索关系的稳健性检验也采用权重模型来作为替代性测量方法,对于历史绩效的测量方法根据 Greve(2003a)、O'Brien & David(2014)的研究对不同时期的 ROA 赋予权重,而社会预期采用核心企业所在行业的其他企业绩效的中位数作为社会预期的测量。最后对形成的社会预期和历史预期按照 Greve(2003a)和 O'Brien & David(2014)都采用的方法,赋予社会预期的权重为 0.8,赋予历史预期的权重为 0.2。构造出企业的预期水平后,用核心企业当年实际的绩效减去预期水平,这样得到了绩效反馈的差值,但是这样的绩效反馈差值仍然包含着正绩效反馈和负绩效反馈,我们依然构造一个变量使得当企业绩效低于预期水平时,这个变量赋值为 1,而当企业绩效高于预期水平时,这个变量赋值为 0。最后将构造的变量乘以核心企业当年实际绩效减去预期水平所形成的差值,得出正绩效反馈和负绩效反馈。并且我们对模型进行了 Hausman 检验,检验结果显示采用固定效应面板回归模型。具体的面板回归结果如表 5-5 所示。

表 5-5　绩效反馈与研发搜索关系研究固定面板稳健性检验结果

控制变量	研发搜索(滞后)					
	模型 1		模型 2		模型 3	
前一年的研发搜索	0.089 1***	(5.05)	0.090 2***	(5.13)	0.100 1***	(5.78)

续表

控制变量	研发搜索(滞后)					
	模型 1		模型 2		模型 3	
前十大股东持股比例	0.000 2***	(7.37)	0.000 2***	(7.46)	0.000 2***	(8.51)
董事会规模	−0.000 1	(0.857)	−0.000 1	(−0.20)	−0.000 2	(−0.62)
独立董事占比	0.000 6	(0.57)	0.000 5	(0.46)	0.000 1	(0.13)
独立董事薪酬	−0.001 9**	(−2.78)	−0.001 9**	(−2.71)	−0.001 6**	(−2.58)
员工人数对数	0.000 4	(0.96)	0.000 6	(1.24)	0.000 6	(1.32)
总资产对数	−0.001 6	(−3.00)	−0.001 6**	(−3.06)	−0.001 3*	(−2.45)
年龄	−0.000 3***	(−3.21)	−0.000 3***	(−3.22)	−0.000 4***	(−3.75)
非沉淀性冗余	0.000 7***	(3.45)	0.000 7***	(3.70)	0.000 9***	(4.19)
沉淀性冗余	0.000 0**	(3.20)	0.000 0***	(3.40)	0.000 0**	(3.21)
潜在冗余	−0.000 0*	(−2.29)	−0.000 0***	(−4.33)	−0.000 0***	(−3.33)
Z 值预警指数	−0.000 1	(−1.31)	−0.000 0	(−1.75)	−0.000 0*	(−2.08)
行业增长	−0.012 2	(−1.56)	−0.013 0	(−1.67)	−0.015 4*	(−2.01)
环境复杂性	0.000 6	(0.77)	0.000 6	(0.75)	0.001 0	(1.26)
行业集中度	−0.011 7	(−1.80)	−0.011 3	(−1.75)	−0.011 8	(−1.86)
行业类别	控制	—	控制	—	控制	—
常数	0.060 1***	(5.45)	0.059 4***	(5.39)	0.044 7***	(4.10)
自变量						
负绩效反馈			−0.013 6***	(−4.60)	−0.125 0***	(−13.30)
正绩效反馈			0.005 5	(0.77)	0.048 9*	(2.32)
调节变量						
CEO 二元性			−0.000 1	(−0.09)	0.002 5	(1.82)
CEO 股权			0.000 1***	(3.36)	0.000 2***	(3.99)
环境动态性			0.027 7	(1.15)	0.073 1**	(2.82)
CSM			−0.002 0	(−0.31)	0.009 5	(1.34)
国企属性			−0.000 37***	(−4.46)	−0.000 9	(−0.89)

续表

控制变量		研发搜索(滞后)					
		模型 1		模型 2		模型 3	
交互项							
负绩效反馈 * CEO 二元性						0.050 4***	(6.29)
负绩效反馈 * CEO 股权						0.003 2*	(2.28)
负绩效反馈 * 环境动态性						0.065 2*	(1.98)
负绩效反馈 * CSM						0.527 1***	(3.54)
负绩效反馈 * 国企属性						0.060 0***	(6.65)
正绩效反馈 * CEO 二元性						0.010 2	(0.29)
正绩效反馈 * CEO 股权						−0.001 2	(−0.69)
正绩效反馈 * 环境动态性						−0.364 1	(−0.75)
正绩效反馈 * CSM						−0.436 5***	(−3.23)
正绩效反馈 * 国企属性						−0.004 2	(−0.28)
R^2	within	0.105 6		0.110 6		0.148 7	
	between	0.068 5		0.219 3		0.576 6	
	overall	0.091 9		0.090 9		0.106 3	
F 值		38.70***		40.00		51.83***	
Number of observations		3 830		3 830		3 830	

注：* $p<0.05$，** $p<0.01$，*** $p<0.001$(双尾检验)，部分变量做了对数化处理，行业类别做哑变量处理，不再赘述。

从表 5-5 可以看出，我们采用权重模型时，所得到的固定面板回归结果主效应只有负绩效反馈显著，回归系数为−0.013 6($p<0.001$)，正绩效反馈不显著，回归系数为 0.005 5($p>0.05$)。假设 1a 得到了支持，假设 1b 没有得到支持，但是假设 1b 的权重模型回归系数方向显示，正绩效反馈对研发搜索的影响趋势依然是正向的。假设 2 是比较正负绩效反馈分别对研发搜索影响的强弱关系，从系数比较上来看依然是负绩效反馈对研发搜索影响要强于正绩效反馈对研发搜索的影响。在调节效应的回归分析中，我们发现 CEO 二元性对负绩效反馈与研发搜索关系的正向调节作用是显著的，回归系数为 0.050 4($p<0.001$)，CEO 股权对负绩效反馈与研发搜索关系的正向调节作用也是显著的，回归系数为 0.003 2($p<0.05$)，国有企业属性对负绩效反馈与研发搜索关系的正向调节作用也是显著的，回归系数为 0.060 0($p<0.001$)；但是 CEO 二元性对正绩效反馈与研发搜索关系的负向调节作用是不显著的，回归系数为 0.010 2($p>0.05$)，CEO 股权对正绩效反馈与研发搜索关系的负向调节作用也不存在，回归系数为−0.001 2($p>0.05$)，国有企业属性对正绩效反馈与研发搜索关系的负向调节作用也不存在，回归系数为−0.004 2($p>0.05$)，但是 CEO 股权和国有企业属性的调节方向是和我们的假设一致的。在外部环境调节变量的假设检验中，环境动态性对负绩效反馈与研发搜索关系的正向调节作用也是显著的，回归系数为 0.065 2($p<0.05$)，CSM 对负绩效反馈与研发搜索关系的正向调节作用也是显著的，回归系数为 0.527 1($p<0.001$)，并且 CSM 对正绩效反馈与研发搜索关系的负向调节作用也是显著的，回归系数为−0.436 5($p<0.001$)，而环境动态性对正绩效反馈与研发搜索关系的负向调节作用不显著，回归系数为−0.364 1($p>0.05$)。稳健性检验的结果显示，本研究所提出的假设绝大多数都得到了支持，研究结论具有可信度。

5.5 本章小结

本章内容主要是实证研究分析，我们进行了研究模型的内生性检验，从因变量滞后、固定效应及其他内生性变量角度进行检验，结果发现模型不受内生性影响。我们采用组织预期独立模型(历史预期和社会预期)，运用固定面板回归模型进行主效应和调节效应的回归分析，结果发现，负绩效反馈与研发搜索负相关，正绩效反馈与研发搜索正相关，即当企业绩效偏离其预期水平，不管是低于预期水平，还是高于预期水平，企业都会增加其研发投入。我们画出了主效应的图示，本质上本研究的绩效反馈与研发搜索关系呈 V 形。并且我们验证了负绩效反馈下企业增加研发搜索的可能性比正绩效反馈时增加研发搜索可能性要大。接着我们检验了调节效应。研究发现，CEO 二元性、CEO 股权、环境动态性、CSM 及国有企业属性正向调节负绩效反馈与研发搜索的负向关系，即在负绩效反馈情形下，CEO 二元性、CEO 股权、环境动态性、CSM 及国有企业属性都会降低企业对研发的投入。CEO 二元性、CEO 股权对正绩效反馈与研发搜索关系调节作用不显著，而环境动态性、CSM 及国有企业属性会负向调节正绩效反馈与研发搜索的正向关系。本章最后采用了权重模型进行稳健性检验，稳健性检验的结果发现本研究的主效应基本得到了支持，并且研究提出的调节效应假设绝大多数也都通过了显著性检验，研究结论具有一定的稳健性。

具体假设验证结果总结如表 5-6 所示。

表 5-6　假设验证结果

假设序号	假设观点	因变量为研发搜索
H1a	负绩效反馈与研发搜索负相关	支持
H1b	正绩效反馈与研发搜索正相关	支持
H2	负绩效反馈对研发搜索的影响要比正绩效反馈对研发搜索的影响更强	支持
H3a	CEO 二元性正向调节负绩效反馈与研发搜索之间的负向关系	支持
H3b	CEO 二元性负向调节正绩效反馈与研发搜索之间的正向关系	不支持
H4a	CEO 股权正向调节负绩效差距与研发搜索之间的负向关系	支持
H4b	CEO 股权负向调节正绩效差距与研发搜索之间的正向关系	不支持
H5a	CSM 正向调节负绩效差距与研发搜索之间的负向关系	支持
H5b	CSM 负向调节正绩效差距与研发搜索之间的正向关系	支持
H6a	环境动态性正向调节负绩效差距与研发搜索之间的负向关系	支持
H6b	环境动态性负向调节正绩效差距与研发搜索之间的正向关系	支持

续表

假设序号	假设观点	因变量为研发搜索
H7a	相比于非国有企业，国有企业在负绩效反馈情形下，进行研发搜索的可能性要小	支持
H7b	相比于非国有企业，国有企业在正绩效反馈情形下，进行研发搜索的可能性要小	支持

第六章 研究结论、启示及展望

6.1 研究结论

本书针对公司行为理论的热点问题——组织预期及基于组织预期的绩效反馈对企业研发搜索的影响，通过回顾战略决策理论以及公司行为理论的有关内容（包括公司行为理论的核心思想、基本概念及关系概念）、组织预期研究的内容（理论基础、内涵及研究的前因、结果和调节变量）、绩效反馈研究的内容及代理理论和动态竞争理论等，构建了本书的研究模型：绩效反馈对研发搜索的影响，以及从代理理论角度、外部环境角度及企业所有制角度考虑对绩效反馈与研发搜索关系产生影响的调节变量——CEO 二元性、CEO 股权、环境动态性及能够代表行业内企业在研发竞争方面互动的 CSM、国有企业属性。本研究得出了以下结论。

6.1.1 绩效反馈与研发搜索关系

有关绩效反馈与研发搜索关系的研究，目前尚无统一的结论（Greve，2003a；Chen et al.，2007；Chen，2008；O'Brien et al.，2014）。学者的研究普遍认为当企业绩效低于预期水平时，会促使企业进行问题驱动的搜索，企业会更有意愿进行组织变化，并且承担由此所带来的风险和不确定。这方面的研究结论较为一致。但是对于绩效超过预期水平的情形，学者则有不同的论据，对组织变化，尤其是研发搜索的理论和实证研究也不同。经典的公司行为理论假设认为当绩效超过组织预期时，企业没有必要考虑进行组织变化，坚持当前的战略行为或者采取不作为的维持现状的策略，相比于尝试新颖的、未被开发的替代方案，要显得更为可靠和有效。但是也有研究挑战了这样的经典假设，Chen & Miller（2007）指出在假设短期绩效高于预期水平时问题搜索和冗余搜索的论据呈现不同的观点，并且他们认为绩效超越预期水平为组织带来了冗余的积累，冗余搜索更可能发生在那些拥有持续正绩效反馈的企业，对于短期正绩效反馈的企业他们认为企业对短期正绩效反馈的反应会从属于冗余搜索的论据。短期冗余资源会激发企业放松对绩效监控的要求，进行更多的实验和组织变化，进而增加研发支出。O'Brien & David（2014）在研究日本企业面对绩效反馈情境如何做出研发搜索决策时，认为当日本企业绩效超过预期水平时，互利互惠和关系嵌入原则会影响日本企业的搜索决策，日本企业更倾向于使用它们的优越地位帮助那些与其有关系的较为不景气的利益相关者，通过增加研发搜索来为利益相关者获取更多的收益。目前的研究呈现出负绩效反馈与研发搜索关系结论一致，而正绩效反馈对研发搜索的影响仍存在争议的现状。

其次，从现有绩效反馈和研发搜索关系研究所采用的研究样本来看，鲜有采用中国本土企业的研究，因此我们的研究采用中国制造业上市公司为样本来展开研究，这对于高度呼吁拓展公司行为理论的研究情境，探索不同情境下理论假设普适性具有重要意义。

通过本书的研究发现：在中国制造业上市公司样本企业中，在绩效反馈情形下，企业会出于两种不同的作用机制来进行研发搜索——问题驱动的搜索和冗余驱动的搜索。问题驱动的搜索是企业以解决经营活动中面临的问题为导向，搜索能够解决问题的可能的替代方案和产品的相关信息。而冗余驱动的搜索是企业基于拥有的冗余资源来搜寻可替代过程和产品的有关信息。这两种不同作用机制起作用的关键在于决策者在正绩效反馈情形下和负绩效反馈情形下会如何判断。我们认为在负绩效反馈情形下，企业决策者在管理认知的逻辑上，不会以拥有冗余资源的多少来判断是否进行研发搜索，因为企业在负绩效反馈情形下表现为相对缺乏资源，而此时决策者更可能关注企业存在的问题，在负面情形下更倾向于以解决问题为导向的问题驱动搜索。而冗余驱动的搜索通常是企业决策者在正面框架下的归因。在正绩效反馈情形下，企业会减少问题驱动的搜索（Chen et al.，2007），此时决策者会运用冗余资源来进行研发搜索,冗余驱动的搜索机制发挥作用。除此之外,我们比较了两种不同绩效反馈对研发搜索行为的影响。研究发现,在负绩效反馈情形下,问题驱动的搜索会促使企业做出更多的研发搜索行为。

本研究对主效应进行了验证,具备一定的理论贡献。首先,我们拓展了公司行为理论这个宏大的理论视角下,有关绩效反馈和研发搜索主题研究的普适性范围。现有的研究大都采用西方发达国家尤其是美国企业为样本,进行研究。尽管有采用日本企业(Greve,2003a;O'Brien et al.,2014)、印度企业(Vissa et al.,2010)的研究,但是仍然缺乏针对中国本土企业绩效反馈方面的研究。我们的研究一定程度上拓展了此类研究主题的适应范围,并且为进一步采用中国企业为样本进行绩效反馈与组织行为关系的研究,提供了可参考的例子。其次,我们的研究在考虑绩效反馈和研发搜索关系时,较为明确地提出了基于绩效与预期水平的差距,组织会采取两种不同导向的搜索机制——问题驱动的搜索和冗余驱动的搜索,并且将这两种机制用于解释研发搜索这个结果变量,进一步丰富了有关绩效反馈与研发搜索关系的解释机制,并且实证分析的结论也支持了本研究提出的假设。事实上,这样的解释机制在 Baum et al.(2005)有关绩效反馈对企业非本地化合作伙伴的选择影响研究中曾经被采用过。再次,本研究的结论不仅仅对于公司行为理论有所贡献,对有关创新方面的文献也有所贡献。对于创新的研究学者有很多的视角,比如社会网络、组织学习、资源基础理论及资源依赖理论,等等,公司行为理论也致力于绩效与企业预期水平的比较所导致的对创新行为的影响研究,而这一部分文献中主流的观点仍然是绩效低于预期水平导致研发投入增加,绩效高于预期水平导致企业减少研发投入。我们的研究结合中国企业样本,认为在负绩效反馈情形下企业会进行问题驱动的研发搜索行为,而在正绩效反馈情形下企业会进行冗余驱动的研发搜索行为,研究结论对于企业层面的创新驱动前因也有所贡献。

6.1.2 绩效反馈与研发搜索关系调节效应

本研究的另一个重要结论就是有关绩效反馈与研发搜索关系的调节效应的验证。通过回归分析的结果,我们发现 CEO 二元性、CEO 股权、环境动态性、CSM 及国有企业属性正向调节负绩效反馈与研发搜索的负向关系,即在负绩效反馈情形下，CEO二元性、CEO股权、环境动态性、CSM及国有企业属性都会降低企业对研发的投入。CEO二元性、CEO股权对正绩效反馈与研发搜索关系调节作用不显著，而环境动态性、CSM及国有企业属性会负向调节正绩效反馈与研发搜索的正向关系。

CEO二元性和CEO股权对正绩效反馈与研发搜索关系调节作用不显著，我们认为可能的解释是面对企业绩效高于其预期水平，企业的决策者，包括CEO在内，存在两种不同的倾向。一种和经典的公司行为理论类似，即当绩效超过组织预期时，企业没有必要考虑进行组织变化，坚持当前的战略行为或者采取不作为的维持现状的策略，相比于尝试新颖的、未被开发的替代方案，要显得更为可靠和有效。CEO作为重要的决策者，具备二元性表明其手中的权利越大，股权越多表明其风险规避动机越强，因为其雇佣状况和企业经营情况息息相关，尽管其在正绩效反馈情形下较少有遭遇解雇处境的。当CEO出于这样的考虑时，CEO二元性和CEO股权会负向影响正绩效反馈对研发搜索的正向关系。另一种解释可能是当绩效高于预期水平，企业的决策者，尤其是管理者会对其经营管理能力充满信心，甚至会过度自信，此时由绩效带来的或者能够带来冗余资源，使得自信满满的管理者能够运用这些冗余资源来追求一些风险性行为。对于CEO来说，当其对自己的经营管理能力过度自信时，也会有足够的动机（股权越大），运用手中的权利（二元性）来采取风险性战略行为，以期进一步获取高收益。当决策者面对正绩效反馈情形时，可能这两种考虑未来风险行为的视角和出发点都存在，因此CEO二元性和CEO股权对正绩效反馈与研发搜索关系调节作用可能会不显著。

对调节效应的研究也具有一定的理论贡献。现有有关绩效反馈与研发搜索关系的研究中，鲜有探索情境变量对二者关系影响的，目前仅有学者从组织形式（Vissa et al.，2010）、CEO和外部董事股票期权（Lim et al.，2013b）、交易型和关系型所有制结构（O'Brien et al.，2014）视角进行研究，对于其他的影响绩效反馈与其结果变量关系的情境因素则较少考虑。本研究从代理理论、企业面临的外部环境及国有企业属性三个角度考虑情境变量。首先，我们从代理理论出发，主要考虑了作为企业主要代理人的CEO，其拥有的权利和动机会如何影响绩效反馈与研发搜索的关系。作为企业战略决策过程中重要的参与者，CEO的作用举足轻重，企业重要的战略决策往往是由 CEO 发起和实施的(Deutsch et al.,2011),其必然会从自身角度来考虑战略决策及最后的战略行为制定会对其产生怎样的影响。

其次,我们从外部环境角度考虑了环境动态性和 CSM 对绩效反馈与研发搜索关系的调节作用。尽管环境动态性已经被学者用于研究组织预期、绩效反馈及其结果变量之间关系的研究中,但是仍然没有研究指出环境动态性是如何影响绩效反馈与研发搜索之间关系的。Shinkle(2012)在一篇综述中提出了在高度动态的环境中,企业过去的绩效和同行的绩效很难被解读时,企业应该如何反应的疑问。此外,Shinkle 也呼吁研究者关注不同的竞争情境如何影响组织预期水平及其强度,关注竞争和动态竞争对组织预期及基于组织预期的绩效反馈等的影响。

最后,在中国本土企业中,存在着一类十分特殊的企业——国有企业,其享有制度上和资源上的保障,相比于其他非国有企业,国企的决策者在面对企业战略决策及风险战略行为时,所持有的态度和立场也有别于非国有企业。再加上其依赖制度上获取的资源和保障,对创新和研发投入的热情也较非国有企业偏低。

我们对有关绩效反馈与研发搜索关系调节变量的探索,进一步丰富了现有文献中有关绩效反馈与其结果变量调节变量的研究,对现有相关研究作出了一定的贡献,并且也有利于运用这些调节变量探索绩效反馈对其他结果变量(诸如多元化、并购等这些战略行为以及财务造假等非战略行为)的影响。

本研究还对代理理论在公司行为理论研究领域的应用有所贡献。现有研究中,经常考虑将公司行为理论和代理理论相结合,我们的研究从企业重要的代理人 CEO 出发,考虑其拥有的权利和动机如何影响绩效反馈和研发搜索关系。

我们的研究还将公司行为理论和动态竞争理论相整合,考虑行业跟风研发和模仿创新的竞争互动,即 CSM 如何影响绩效反馈和研发搜索关系,对这两大理论都有所贡献。长期以来公司行为理论研究企业的战略行为,而动态竞争理论专注研究企业的竞争行为和与竞争对手的竞争互动,二者较少展开对话。Shinkle(2012)呼吁研究者关注不同的竞争情境如何影响组织预期水平及其强度,关注竞争和动态竞争对组织预期及基于组织预期的绩效反馈等的影响。Chen & Miller(2012)呼吁将动态竞争理论和代理理论相联系,而代理理论则涉及公司内部多种不同利益的行为人的行为动机,其中绩效是否达到或者超越组织预期水平是影响行为人或者决策者做出竞争行为的重要影响因素。

6.2 管理启示

本研究具有重要的管理启示。

第一，本研究指出当企业在负绩效反馈和正绩效反馈情形下，都会进行研发搜索，并且提出研发搜索的动机是不同的——问题驱动的搜索和冗余驱动的搜索。其本质是，一是当企业绩效低于预期水平时，企业会寻找解决绩效未到达满意目标的原因，搜索的目的在于通过战略变化来提升绩效；二是当绩效高于预期水平时，企业会因为高绩效带来的或者能够带来的冗余资源而进行冗余搜索。因此，企业，尤其是制造业企业，在评估其绩效进而采取战略行为时，应该充分重注这两种导向搜索的重要性。

另外，本研究给企业的启示是其战略行为的实施，尤其是问题驱动的搜索，是基于其组织预期水平的。而组织预期水平的形成又可以通过历史比较和社会比较两种方式形成历史预期和社会预期。Levinthal & March (1981) 和 Kim, Finkelstein & Haleblian(2014)指出当企业将其当前绩效与历史预期水平相比较时，是通过不断的自我学习机制，使得企业决策者能够从企业自身演化发展的过程中不断学习，进而评估当前的状况。历史预期水平更为突出地体现了企业拥有的管理能力以及资源水平。社会预期的比较来自于企业将自己的绩效与参照组进行比较，社会预期水平能够有助于企业的决策者去努力实现怎样的绩效水平，以期满足企业的利益相关者对其的判断(比如至少和同行业其他企业绩效水平差不多，等等)。但是 Baum & Ingram(2002)以及 Kim, Finkelstein & Haleblian(2014)同样指出基于社会预期的社会比较往往比企业基于历史预期的自我比较更为困难，因为向同行业其他企业进行学习(包括绩效)，不仅要清楚地了解其他企业绩效水平如何，而且还需要了解其他企业是如何达到这些绩效的。但是现实中企业在向其他企业学习的过程中，往往很难获取全面的、完整的信息，会面临较多的模糊和不确定性，如何通过这些信息准确地判断出其他企业的绩效信息是企业面临的难题。在本研究中，我们采用的是历史预期和社会预期相独立的模型，二者在企业绩效评估及做出战略行为上都十分重要。正如《孙子兵法·谋攻篇》上所讲的"知彼知己，百战不殆；不知彼而知己，一胜一负；不知彼，不知己，每战必殆。"企业在做出战略行为，尤其是具有风险的战略行为时，既要从本企业以前的绩效中学习，又要向其他企业学习，只有这样才可能做出正确的战略行为。

第二，本研究的另一方面管理启示在于当企业在绩效反馈情形下要做出相应的战略风险性行为时，如何考虑CEO的特征。经典代理理论解决企业所有者和代理人矛盾的关键在于为代理人设计合适的激励方案。因此，作为能够深入影响企业战略决策过程的CEO，如何设计其薪酬，如何赋予其相应的决策权力，使其在决策过程中做出符合企业所有者利益的战略风险行为，是企业尤其需要重注的。正如《孙子兵法·谋攻篇》提出的"上下同欲者胜""将能而君不御者胜"。

第三，本研究的管理启示还在于当企业评估其绩效是否达到令人满意的水平，并且进行相应的战略行为时，要考虑所在行业的环境动态性，以及跟风研发和模仿创新的行业竞争互动。本研究认为环境动态性和CSM都会影响企业如何在绩效反馈情形下做出研发决策，环境动态性和CSM从不同方面给企业带来了额外的风险和不确定性，降低了企业从事研发投入的意愿。因此，企业在评估其绩效是否满意，进而采取研发搜索决策时，必须充分考虑其所在行业的技术变革和市场需求变动，以及行业跟风研发和模仿创新的竞争互动。

第四，本研究还指出国有企业对研发搜索的关注要低于非国有企业，这也从另一个侧面验证了有关国有企业生产效率及创新效率较低的结论。研究建议国企在增强创新力、增加研发上，应该更多地与自己的历史水平相比较，与同行业的竞争对手相比较。

6.3 研究不足及未来展望

本书的研究还存在以下方面的不足。

第一，本书的研究受到研究样本的限制。本书采用的研究样本是中国制造业上市公司2006—2012年的面板数据。之所以采用制造业是因为，一方面制造业研发投入最多，另一方面国外绝大多数有关绩效反馈和研发搜索关系的研究都是采用制造业为研究样本的，我们采用中国制造业企业为研究样本也是为了和现有研究形成对比。其次，我们采用2006—2012年的数据是因为2006年是会计核算准则变动的重要一年，为了避免因为会计准则变动对原始数据造成影响，因此我们采用2006年以后的数据。数据截至2012年是因为本研究采用的行业分类标准是证监会的行业分类标准，而证监会在2012年重新划分了行业类别，为了避免行业类别划分对企业与同行业其他企业比较造成人为干扰，我们的数据时间就截至2012年。但是这样的样本考虑也不可避免地会对研究造成一些限制。其一，我们采用的是制造业上市公司研究样本，而没有考虑到一些知识密集型服务业企业，这些企业往往对研发也非常重视，比如信息技术行业。对于这类知识密集型服务企业，其也可能成为研究的重要样本，目前本研究的结论还仅限于制造业企业范围，类似信息技术行业的企业绩效反馈会导致怎样的研发搜索尚需探索。其二，我们采用的数据时期也会对研究造成限制。现阶段我们经济走入了新常态的状态，经济发展由高速增长慢慢转变为增速放缓的状态，势必对微观企业的战略行为也产生影响。经济新常态下的企业绩效反馈和研发搜索关系如何也需要进一步探索。另外，随着近两三年来国家反腐倡廉，限制企业，尤其是国有企业高管的薪酬，不断“打虎拍苍蝇”等一系列社会现象的出现，都可能会对企业的战略行为产生影响。最明显的，随着企业尤其是国有企业CEO薪酬的下降，其对风险性战略行为的态度又会如何呢。这些新的现象的出现也都可能对绩效反馈与研发搜索这样的风险性战略行为的关系产生影响，需要进一步研究。

第二，本研究仅仅考虑了研发搜索这样一种能够代表企业创新的结果变量，现有研究中还存在着采用新产品导入、创新开发及探索式创新和利用式创新等结果变量。问题驱动的搜索和冗余驱动的搜索的解释机制是不是也适用于绩效反馈对这些结果变量的影响仍不得而知。对于这些变量的考察可能需要进一步地进行企业调研分析，然而绩效反馈及其对创新有关的结果变量的影响研究，其研究设计的一个横截面跨越的时间期限最少要三年，因此采取调研的方式开展研究对于样本的跨期要求十分严格，难度也相当得大。这也就是为什么绩效反馈与创新有关的结果变量关系研究大都采用二手数据，跨越多年的面板数据分析。目前较为近期的采用一手数据进行此类研究的只有Ben-Oz & Greve(2012)基于企业长期和短期绩效反馈对吸收能力影响的研究，而他们的研究中采用了三年的数据，只形成回归分析的一个横截面数据，存在共同方法偏差的问题，其在文献中也论述了他们这样研究的缺陷。综合考虑，本研究采用研发搜索作为企业创新研究的代理变量也是不无道理的。

第三，我们的研究将公司行为理论和代理理论相结合，从代理理论的角度来考虑CEO二元性和CEO股权对绩效反馈和研发搜索关系的调节作用。事实上，经典代理理论提出的通过给予代理人激励来使其为所有者服务，其中很重要一点就是给予代理人股权激励。但是在中国上市企业中，很难获取到个体层面的股权激励的二手数据。而国外现有的研究则广泛采用代理人的股权激励作为调节变量。除此之外，我们仅仅考虑了单个代理的调节作用。代理理论提出了企业所有者和管理者的代理关系、企业大股东和小股东的代理关系、企业高管层和下属管理层的代理关系，这些代理关系及可能存在的代理问题，为我们进一步采用双代理视角的调节变量，甚至是多代理视角的调节变量提供了依据，例如CEO与外部董事。

第四，本书的研究只考虑了外部环境中的环境动态性和CSM对绩效反馈和研发搜索关系的调节作用。事实上，还存在很多的环境变量值得进行研究，比如Shinkle(2012)曾明确提出要考虑企业所在的制度环境对组织预期和绩效反馈影响，以及组织预期和绩效反馈对结果变量的影响。中国作为新兴经济的代表，正处在转型的关键时期，研究制度环境的差异如何影响绩效反馈与研发搜索关系也是具有重要意义的。

第五，现有关于组织预期和绩效反馈，及其对结果变量的影响研究，开始区分基于历史预期和基于社会预期的绩效反馈对结果变量的不同影响。虽然我们的研究采用历史预期和社会预期相分离的模型，也指出了企业基于历史预期和社会预期进行绩效评估的差异，但是并没有进一步研究这些差异可能对结果变量造成的不同影响，这可以作为未来的研究方向进一步探索。

第六，战略决策理论和公司行为理论都注重对企业战略决策和企业战略行为的研究。战略决策理论的研究范式和研究内容为公司行为理论的绩效反馈主题研究也提供了可供参考的研究方向，例如绩效反馈对企业战略决策过程的影响研究，高管团队对绩效反馈的影响及对绩效反馈与其决策结果变量关系的影响，等等。

参考文献

Aldrich H E, Auster E R, 1986. Even dwarfs started small: Liabilities of age and size and their strategic implications[J]. Research in Organizational Behavior, 8:165-198.

Alessandri T M, Pattit J M, 2014. Drivers of R&D investment: The interaction of behavioral theory and managerial incentives[J]. Journal of Business Research, 67(2):151-158.

Altman E I, 1983. Exploring the road to bankruptcy[J]. Journal of Business Strategy, 4(2): 36-41.

Anderson P, Tushman M L, 1990. Technological discontinuities and dominant designs: A cyclical model of technological change[J]. Administrative Science Quarterly: 604-633.

Ansoff H I, 1987. The emerging paradigm of strategic behavior[J]. Strategic Management Journal, 8(6): 501-515.

Antonelli C, 1989. A failure-inducement model of research and development expenditure: Italian evidence from the early 1980s[J]. Journal of Economic Behavior & Organization,, 12(2): 159-180.

Arens P, Brouthers K D, et al, 2001. Key stakeholder theory and state owned versus privatized firms[J]. Management International Review (MIR), 41(4): 377-394.

Arora P, Dharwadkar R, 2011. Corporate Governance and Corporate Social Responsibility (CSR): The moderating roles of attainment discrepancy and organization slack[J]. Corporate Governance: An International Review, 19(2):136-152.

Audia P G, Brion S, 2007. Reluctant to change: Self-enhancing responses to diverging performance measures[J]. Organizational Behavior & Human Decision Processes, 102(2):255-269.

Audia P G, Greve H R, 2006. Less likely to fail: Low performance, firm size, and factory expansion in the shipbuilding industry[J]. Management Science, 52(1):83-94.

Barney J, Hesterly W, Clegg S, et al, 1996. Handbook of organization studies [M]. SAGE Publications.

Baum J, Dahlin K B, 2007. Aspiration performance and railroads' patterns of learning from train wrecks and crashes[J]. Organization Science, 18(3):368-385.

Baum J A C, Ingram P, 2002. Interorganizational learning and network organization: Toward a behavioral theory of the interfirm[Z]. Working Papers: University of Toronto Rotman School of Managemen: 1-44.

Baum J A, Korn H J, 1996. Competitive dynamics of interfirm rivalry[J]. Academy of Management Journal,39:255-291.

Baum J A C, Rowley T J, Shipilov A V, et al, 2005. Dancing with strangers: Aspiration performance and the search for underwriting syndicate partners[J]. Administrative Science Quarterly, 50(4): 536-575.

Baum J R, Locke E A, 2004. The relationship of entrepreneurial traits, skill, and motivation to subsequent venture growth[J]. Journal of Applied Psychology, 89(4): 587.

Ben-Oz C, Greve H R, 2012. Short-and long-term performance feedback and absorptive capacity [J]. Journal of Management, 41(7): 1827-1853.

Blettner D P, He Z L, Hu S, et al, 2014. Adaptive aspirations and performance heterogeneity: Attention allocation among multiple reference points[J]. Strategic Management Journal, 36 (7): 987-1005.

Boeker W, 1989. The development and institutionalization of subunit power in organizations[J]. Administrative Science Quarterly, 34(3): 388-410.

Bolton M K, 1993. Organizational innovation and substandard performance: When is necessity the mother of innovation? [J]. Organization Science, 4(1): 57-75.

Booth J R, Cornett M M, Tehranian H, 2002. Boards of directors, ownership, and regulation [J]. Journal of Banking & Finance, 26(10): 1973-1996.

Bouquet C, Birkinshaw J, 2008. Weight versus voice: How foreign subsidiaries gain attention from corporate headquarters[J]. Academy of Management Journal, 51(3): 577-601.

Bromiley P, 1991. Testing a causal model of corporate risk taking and performance[J]. Academy of Management Journal, 34(1): 37-59.

Bromiley P, Harris J D, 2014. A comparison of alternative measures of organizational aspirations [J]. Strategic Management Journal, 35(3): 338-357.

Bryan S, Hwang L S, Lilien S, 2000. CEO stock-based compensation: An empirical analysis of incentive-intensity, relative mix, and economic determinants[J]. The Journal of Business, 73(4): 661-693.

Bulow J I, Geanakoplos J D, Klemperer P D, 1985. Multimarket oligopoly: Strategic substitutes and complements[J]. Journal of Political Economy, 93(3): 488-511.

Cavusgil S T, Nevin J R, 1981. Internal determinants of export marketing behavior: An empirical investigation[J]. Journal of Marketing Research, 18(1): 114-119.

Chatterjee S, Wiseman R M, Fiegenbaum A, et al, 2003. Integrating behavioural and economic concepts of risk into strategic management: The twain shall meet[J]. Long Range Planning, 36(1): 61-79.

Chen M J, Miller D, 2012. Competitive dynamics: Themes, trends, and a prospective research platform[J]. Academy of Management Annals, 6(1): 135-210.

Chen W R, 2008. Determinants of firms' backward-and forward-looking R&D search behavior [J]. Organization Science, 19(4): 609-622.

Chen W R, Miller K D, 2007. Situational and institutional determinants of firms' R&D search intensity[J]. Strategic Management Journal, 28(4): 369-381.

Child J, 1996. Management in China during the age of reform[M]. Cambridge University Press.

Cho T S, Hambrick D C, 2006. Attention as the mediator between top management team characteristics and strategic change: The case of airline deregulation[J]. Organization Science, 17 (4): 453-469.

Chrisman J J, Patel P C, 2011. Variations in R&D investments of family and nonfamily firms: Behavioral agency and myopic loss aversion perspectives[J]. Academy of Management Journal,55(4): 976-997.

Chuang Y T, Yang C, 2014. Roles of performance feedback and technological knowledge networks in technological search[J]. Academy of Management Annual Meeting Proceedings, 2014(1): 10870.

Cohen M D, March J G, Olsen J P, 1972. A garbage can model of organizational choice[J]. Administrative Science Quarterly, 17: 1-25.

Combs J G, Ketchen Jr D J, Perryman A A, et al, 2007. The moderating effect of CEO power on the board composition-firm performance relationship[J]. Journal of Management Studies, 44(8): 1299-1323.

Cooper A, Alvarez S, Carrera A, et al, 2009. Entrepreneurial strategies: New technologies in emerging markets[M]. John Wiley & Sons.

Cull R, Xu L C, 2005. Institutions, ownership, and finance: The determinants of profit reinvestment among Chinese firms[J]. Journal of Financial Economics, 77(1): 117-146.

Cyert R M, March J G, 1963. A behavioral theory of the firm[M]. Prentice-Hall Inc.

Daily C M, Johnson J L, Ellstrand A E, et al, 1998. Compensation committee composition as a determinant of CEO compensation[J]. Academy of Management Journal, 41(2): 209-220.

Dalton D R, Daily C M, Ellstrand A E, et al, 1998. Meta-analytic reviews of board composition, leadership structure, and financial performance[J]. Strategic Management Journal, 19(3): 269-290.

David J K, Timothy B P, 1999. Strategic responses to poor organizational performance: A test of competing perspectives[J]. Journal of Management, 25(5): 683-706.

Deephouse D L, Wiseman R M, 2000. Comparing alternative explanations for accounting risk-return relations[J]. Journal of Economic Behavior & Organization, 42(4): 463-482.

Denrell J, 2008. Organizational risk taking: Adaptation versus variable risk preferences[J]. Industrial and Corporate Change, 17(3): 427-466.

Denrell J, March J G, 2001. Adaptation as information restriction:The hot stove effect[J]. Organization Science, 12(5): 523-538.

Desai V, 2014. Learning to behave badly: Performance feedback and illegal organizational action [J]. Industrial and Corporate Change, 23(5): 1327-1355.

Desai V M, 2008. Constrained growth:how experience, legitimacy, and age influence risk taking in organizations[J]. Organization Science, 19(4): 594-608.

Dess G G, Beard D W, 1984. Dimensions of organizational task environments[J]. Administrative Science Quarterly, 29(1): 52-73.

Deutsch Y, Keil T, Laamanen T, 2011. A dual agency view of board compensation: The joint effects of outside director and CEO stock options on firm risk[J]. Strategic Management

Journal，32(2)：212-227.

Devers C E，McNamara G，Wiseman R M，et al，2008. Moving closer to the action：Examining compensation design effects on firm risk[J]. Organization Science，19(4)：548-566.

Devine C T，1964. A behavioral theory of the firm：A review article[J]. Journal of Accounting Research，2(2)：197-220.

Dowell G，Killaly B，2009. Effect of resource variation and firm experience on market entry decisions：Evidence from US telecommunication firms' international expansion decisions[J]. Organization Science，20(1)：69-84.

Drazin R，Van de Ven A H，1985. Alternative forms of fit in contingency theory[J]. Administrative Science Quarterly，30(4)：514-539.

Eggers J P，Kaul A，2018. Motivation and ability? A behavioral perspective on the pursuit of radical invention in multi-technology incumbents[J]. Academy of Management Journal，61(1)：67-93.

Eisenhardt K M，1989. Making fast strategic decisions in high-velocity environments[J]. Academy of Management Journal，32(3)：543-576.

Eisenhardt K M，Bourgeois L J，1988. Politics of strategic decision making in high-velocity environments：toward a midrange theory[J]. Academy of Management Journal，31(4)：737-770.

Eisenhardt K M，Zbaracki M J，1992. Strategic decision making[J]. Strategic Management Journal，13(S2)：17-37.

Eisenhardt K M，Martin J A，2000. Dynamic capabilities：what are they? [J]. Strategic Management Journal，21(10-11)：1105-1121.

Ertug G，Castellucci F，2014. Who shall get more? How intangible assets and aspiration levels affect the valuation of resource providers[J]. Strategic Organization，13(1)：6-31.

Fang C，Kim J H，Milliken F J，2014. When bad news is sugarcoated：Information distortion，organizational search and the behavioral theory of the firm[J]. Strategic Management Journal，35(8)：1186-1201.

Fiegenbaum A，Thomas H，1988. Attitudes toward risk and the risk-return paradox：prospect theory explanations[J]. Academy of Management Journal，31(1)：85-106.

Fiegenbaum A，Thomas H，1995. Strategic groups as reference groups：theory，modeling and empirical examination of industry and competitive strategy[J]. Strategic Management Journal, 16(6): 461-476.

Figenbaum A, Thomas H, 1986. Dynamic and risk measurement perspectives on Bowman's risk-return paradox for strategic management: An empirical study[J]. Strategic Management Journal, 7(5): 395-407.

Finkelstein S, D'aveni R A, 1994. CEO duality as a double-edged sword: how boards of directors balance entrenchment avoidance and unity of command[J]. Academy of Management Journal, 37(5): 1079-1108.

Gaba V, Bhattacharya S, 2012. Aspirations, innovation, and corporate venture capital: a behavioral perspective[J]. Strategic Entrepreneurship Journal, 6(2): 178-199.

Gaba V, Joseph J, 2013. Corporate structure and performance feedback: Aspirations and adaptation in M-form firms[J]. Organization Science, 24(4): 1102-1119.

Gavetti G, 2012. PERSPECTIVE—Toward a behavioral theory of strategy[J]. Organization science, 23(1): 267-285.

Gavetti G, Greve H R, Levinthal D A, et al, 2012. The behavioral theory of the firm: assessment and prospects[J]. Academy of Management Annals, 6(1): 1-40.

Gooding R Z, Goel S, Wiseman R M, 1996. Fixed versus variable reference points in the risk-return relationship[J]. Journal of Economic Behavior & Organization, 29(2): 331-350.

Greif A, Tabellini G, 2010. Cultural and institutional bifurcation: China and Europe compared[J]. American Economic Review, 100(2): 135-40.

Greve H R, 1996. Performance, aspirations and risky organizational change[J]. Academy of Management Proceedings, 1996(1): 224-228.

Greve H R, 1998. Managerial cognition and the mimetic adoption of market positions: What you see is what you do[J]. Strategic Management Journal, 19(10): 967-988.

Greve H R, 2002. Sticky aspirations: Organizational time perspective and competitiveness[J]. Organization Science, 13(1): 1-17.

Greve H R, 2003. A behavioral theory of R&D expenditures and innovations: Evidence from shipbuilding[J]. Academy of Management Journal, 46(6): 685-702.

Greve H R, 2003. Investment and the behavioral theory of the firm: Evidence from shipbuilding[J]. Industrial and Corporate Change, 12(5): 1051-1076.

Greve H R, 2003. Organizational learning from performance feedback: A behavioral perspective on innovation and change[M]. Cambridge University Press.

Greve H R, 2008. A behavioral theory of firm growth: Sequential attention to size and performance goals[J]. Academy of Management Journal, 51(3): 476-494.

Greve H R, 2011. Positional rigidity: Low performance and resource acquisition in large and small firms[J]. Strategic Management Journal, 32(1): 103-114.

Greve H R, 2013. Microfoundations of management: Behavioral strategies and levels of rationality in organizational action[J]. Academy of Management Perspectives, 27(2): 103-119.

Greve H R, Taylor A, 2000. Innovations as catalysts for organizational change: Shifts in organizational cognition and search[J]. Administrative Science Quarterly, 45(1): 54-80.

Greve H , Zhang C M, 2014. Reacting to Performance Feedback: Different Decision Makers, Different Decisions[J]. Cell & Tissue Kinetics, 10(4):375-385.

Grinyer P, McKiernan P, 1990. Generating major change in stagnating companies[J]. Strategic Management Journal, 11: 131-146.

Grossack I M, 1965. Towards an integration of static and dynamic measures of industry concentration[J]. The Review of Economics and Statistics: 301-308.

Haleblian J, Rajagopalan N, 2005. Top managerial cognitions, past performance, and strategic change: A theoretical framework[M]. Emerald Group Publishing Limited.

Hambrick D C, Mason P A, 1984. Upper echelons: The organization as a reflection of its top managers[J]. Academy of Management Review, 9(2): 193-206.

Harris J, Bromiley P, 2007. Incentives to cheat: The influence of executive compensation and firm performance on financial misrepresentation[J]. Organization Science, 18(3): 350-367.

Herriott S R, Levinthal D, March J G, 1985. Learning from experience in organizations[J]. The American Economic Review, 75(2): 298-302.

Holmes R M, Bromiley P, Devers C E, et al, 2011. Management theory applications of prospect theory: Accomplishments, challenges, and opportunities[J]. Journal of Management, 37(4): 1069-1107.

Hu D-H, 2013. Organizational routines and organizational performance feedback[M]. Springer Berlin Heidelberg: 691-698.

Hu S, Blettner D, Bettis R A, 2011. Adaptive aspirations: Performance consequences of risk preferences at extremes and alternative reference groups[J]. Strategic Management Journal, 32(13): 1426-1436.

Huber G P, 1991. Organizational learning: The contributing processes and the literatures[J]. Organization Science, 2(1): 88-115.

Huchzermeier A, Loch C H, 2001. Project management under risk: Using the real options approach to evaluate flexibility in R&D[J]. Management Science, 47(1): 85-101.

Huyghebaert N, Van de Gucht L M, 2004. Incumbent strategic behavior in financial markets and the exit of entrepreneurial start-ups[J]. Strategic Management Journal, 25(7): 669-688.

Iyer D N, Miller K D, 2008. Performance feedback, slack, and the timing of acquisitions[J]. Academy of Management Journal, 51(4): 808-822.

Jelinek M, Schoonhoven C B, 1990. The innovation marathon: Lessons from high technology firms[M]. Jossey-Bass Publishers.

Jensen M C, 1993. The modern industrial revolution, exit, and the failure of internal control systems[J]. the Journal of Finance, 48(3): 831-880.

Jeon E, Dussauge P, Phelps C, 2017. Performance feedback, shareholder influence and direction of change[J]. Academy of Management Annual Meeting Proceedings, 2017(1):12356.

Johnson R A, Hoskisson R E, Hitt M A, 1993. Board of director involvement in restructuring: The effects of board versus managerial controls and characteristics[J]. Strategic Management Journal, 14(S1): 33-50.

Jones R M, Kashlak R J, 2001. Socio-regulatory upheaval, reference points and strategic evolution of the cigarette industry[J]. Journal of Business Research, 51(3): 193-200.

Joseph J, Gaba V, 2014. The fog of feedback: Ambiguity and firm responses to multiple aspiration levels[J]. Strategic Management Journal, 36(13): 1960-1978.

Jung W, 2014. Dual performance feedback and elite law firm mergers[J]. Academy of Management Annual Meeting Proceedings, 2014(1):17362.

Kahneman D, Tversky A, 1979. Prospect theory: An analysis of decision under risk[J]. Econometrica, 47(2): 263-291.

Kameda T, Davis J H, 1990. The function of the reference point in individual and group risk decision making[J]. Organizational Behavior and Human Decision Processes, 46(1): 55-76.

Kaul A, 2012. Technology and corporate scope: Firm and rival innovation as antecedents of corporate transactions[J]. Strategic Management Journal, 33(4): 347-367.

Kiesler S, Sproull L, 1982. Managerial response to changing environments: Perspectives on problem sensing from social cognition[J]. Administrative Science Quarterly, 1982: 548-570.

Kim J Y, Finkelstein S, Haleblian J, 2015. All aspirations are not created equal: The differential effects of historical and social aspirations on acquisition behavior[J]. Academy of Management Journal, 58(5): 1361-1388.

Knudsen T, 2008. Reference groups and variable risk strategies[J]. Journal of Economic Behavior & Organization, 66(1): 22-36.

Kolvereid L, 1992. Growth aspirations among Norwegian entrepreneurs[J]. Journal of Business Venturing, 7(3): 209-222.

Labianca G, Fairbank J F, Andrevski G, et al, 2009. Striving toward the future: Aspiration—performance discrepancies and planned organizational change[J]. Strategic Organization, 7(4): 433-466.

Lant T, Shapira Z, 2008. Managerial reasoning about aspirations and expectations[J]. Journal of Economic Behavior & Organization, 66(1): 60-73.

Lant T K, 1992. Aspiration level adaptation: an empirical exploration[J]. Management Science, 38(5): 623-644.

Lant T K, Hewlin P F, 2002. Information cuesand decision making: The effects of learning, momentum, and social comparison in competing teams[J]. Group & Organization Management, 27(3): 374-407.

Lant T K, Mezias S J, 1992. An organizational learning model of convergence and reorientation [J]. Organization Science, 3(1): 47-71.

Lant T K, Milliken F J, Batra B, 1992. The role of managerial learning and interpretation in strategic persistence and reorientation: An empirical exploration[J]. Strategic Management Journal, 13(8): 585-608.

Lant T K, Montgomery D B, 1987. Learning from strategic success and failure[J]. Journal of Business Research, 15(6): 503-517.

Lee J S, Choi J D, Bae Z T, 2014. What determines loci of external knowledge?: historical aspiration prevailing over social aspiration[J]. Academy of Management Proceedings, 2014

(1): 14694.

Lehner J M, 2000. Shifts of reference points for framing of strategic decisions and changing risk-return associations[J]. Management Science, 46(1): 63-76.

Lengnick-Hall C A, 1992. Innovation and competitive advantage: What we know and what we need to learn[J]. Journal of Management, 18(2): 399-429.

Levinthal D, March J G, 1981. A model of adaptive organizational search[J]. Journal of Economic Behavior & Organization, 2(4): 307-333.

Levitt B, March J G, 1988. Organizational learning[J]. Annual Review of Sociology, 14(1): 319-338.

Levy O, 2005. The influence of top management team attention patterns on global strategic posture of firms[J]. Journal of Organizational Behavior: The International Journal of Industrial, Occupational and Organizational Psychology and Behavior, 26(7): 797-819.

Lim E N K, 2014. The role of reference point in CEO restricted stock and its impact on R&D intensity in high-technology firms[J]. Strategic Management Journal, 36(6): 872-889.

Lim E N K, McCann B T, 2013. The influence of relative values of outside director stock options on firm strategic risk from a multiagent perspective[J]. Strategic Management Journal, 34(13): 1568-1590.

Lim E N K, McCann B T, 2013. Performance feedback and firm risk taking: The moderating effects of CEO and outside director stock options[J]. Organization Science, 25(1): 262-282.

Lin W T, 2014. How do managers decide on internationalization processes? The role of organizational slack and performance feedback[J]. Journal of World Business, 49(3): 396-408.

Lopes L L, 1987. Between hope and fear: The psychology of risk[J]. Advances in Experimental Social Psychology(20):255-295.

Lucas G J M, Knoben J, Meeus M T H, 2018. Contradictory yet coherent? Inconsistency in performance feedback and R&D investment change[J]. Journal of Management, 44(2): 658-681.

Madsen P M, 2013. Aspiration-Level adaptation revisited: performance feedback and performance expectation[J]. Academy of Management Annual Meeting Proceedings, 2013(1): 12838.

Madsen P M, 2014. Organizational problems as antecedents of goal dimension Adoption and abandonment[J]. Academy of Management Annual Meeting Proceedings, 2014(1): 14362.

Manns C L, March J G, 1978. Financial adversity, internal competition, and curriculum change in a university[J]. Administrative science quarterly, 23(4): 541-552.

Marcel J J, Barr P S, Duhaime I M, 2011. The influence of executive cognition on competitive dynamics[J]. Strategic Management Journal, 32(2): 115-138.

March J G, 1988. Variable risk preferences and adaptive aspirations[J]. Journal of Economic Behavior & Organization, 9(1): 5-24.

March J G, Shapira Z, 1987. Managerial perspectives on risk and risk taking[J]. Management science, 33(11): 1404-1418.

March J G, Shapira Z, 1992. Variable risk preferences and the focus of attention[J]. Psychological review, 99(1): 172.

Massini S, Lewin A Y, Greve H R, 2005. Innovators and imitators: Organizational reference groups and adoption of organizational routines[J]. Research Policy, 34(10): 1550-1569.

McNamara G, Bromiley P, 1997. Decision making in an organizational setting: Cognitive and organizational influences on risk assessment in commercial lending[J]. Academy of Management Journal, 40(5): 1063-1088.

Mezias S J, Chen Y R, Murphy P R, 2002. Aspiration-level adaptation in an American financial services organization: A field study[J]. Management Science, 48(10): 1285-1300.

Mezias S J, Glynn M A, 1993. The three faces of corporate renewal: Institution, revolution, and evolution[J]. Strategic Management Journal, 14(2): 77-101.

Miller D, Shamsie J, 1996. The resource-based view of the firm in two environments: The Hollywood film studios from 1936 to 1965[J]. Academy of Management Journal, 39(3): 519-543.

Miller K D, Chen W R, 2004. Variable organizational risk preferences: Tests of the March-Shapira model[J]. Academy of Management Journal, 47(1): 105-115.

Miller K D, Leiblein M J, 1996. Corporate risk-return relations: Returns variability versus downside risk[J]. Academy of Management Journal, 39(1): 91-122.

Miner A S, Mezias S J, 1996. Ugly duckling no more: Pasts and futures of organizational learning research[J]. Organization Science, 7(1): 88-99.

Mintzberg H, Raisinghani D, Theoret A, 1976. The structure of "unstructured" decision processes[J]. Administrative Science Quarterly, 21(2): 246-275.

Mishina Y, Dykes B J, Block E S, et al, 2010. Why "good" firms do bad things: The effects of high aspirations, high expectations, and prominence on the incidence of corporate illegality [J]. Academy of Management Journal, 53(4): 701-722.

Moliterno T P, Beck N, Beckman C M, et al, 2014. Knowing your place: Social performance feedback in good times and bad times[J]. Organization Science, 25(6): 1684-1702.

Nelson R R, Winter S G, 1982. Evolutionary theorizing in economics[J]. Journal of Economic Perspectives, 16(2): 23-46.

Nielsen P A, 2014. Learning from performance feedback: Performance information, aspiration levels, and managerial priorities[J]. Public Administration, 92(1): 142-160.

O'Brien J P, David P, 2014. Reciprocity and R&D search: Applying the behavioral theory of the firm to a communitarian context[J]. Strategic Management Journal, 35(4): 550-565.

Ocasio W, 1994. Political dynamics and the circulation of power: CEO succession in US industrial corporations, 1960—1990[J]. Administrative Science Quarterly, 39(2): 285-312.

Ocasio W, 1997. Towards an attention-based view of the firm[J]. Strategic Management Journal, 18(S1): 187-206.

Ocasio W, Joseph J, 2005. An attention-based theory of strategy formulation: Linking micro-and macroperspectives in strategy processes[M]. Emerald Group Publishing Limited.

Operti E, Carnabuci G, Kovacs B, 2011. A Behavioral Theory of Technology Search: Evidence From the Semiconductor Industry[J]. Academy of Management Proceedings.

Palmer T B, Wiseman R M, 1999. Decoupling risk taking from income stream uncertainty: A holistic model of risk[J]. Strategic Management Journal, 20(11): 1037-1062.

Panagiotou G, 2007. Reference theory: Strategic groups and competitive benchmarking[J]. Management Decision,45: 1595-1621.

Papadakis V M, Lioukas S, Chambers D, 1998. Strategic decision-making processes: The role of management and context[J]. Strategic Management Journal, 19(2): 115-147.

Park K M, 2007. Antecedents of convergence and divergence in strategic positioning: The effects of performance and aspiration on the direction of strategic change[J]. Organization Science, 18(3): 386-402.

Patel P C, Chrisman J J, 2014. Risk abatement as a strategy for R&D investments in family firms[J]. Strategic Management Journal, 35(4): 617-627.

Peng M W, Tan J, Tong T W, 2004. Ownership types and strategic groups in an emerging economy[J]. Journal of Management Studies, 41(7): 1105-1129.

Polidoro Jr F, Toh P K, 2011. Letting rivals come close or warding them off? The effects of substitution threat on imitation deterrence[J]. Academy of Management Journal, 54(2): 369-392.

Rajagopalan N, Rasheed A M A, Datta D K, 1993. Strategic decision processes: critical review and future directions[J]. Journal of Management, 19(2): 349-384.

Ramrattan L B, 1998. R&D rivalry in the US automobile industry: A simultaneous equation model approach to Bain's hypothesis[J]. The American Economist, 42(1): 42-55.

Rechner P L, Dalton D R, 1991. CEO duality and organizational performance: A longitudinal analysis[J]. Strategic Management Journal, 12(2): 155-160.

Ref O, Shapira Z, 2014. Performance feedback and shifts in focus of attention: The case of diversification[J]. Academy of Management Annual Meeting Proceedings, 2014(1): 11034-11034.

Richard O C, Murthi B P S, Ismail K, 2007. The impact of racial diversity on intermediate and long-term performance: The moderating role of environmental context[J]. Strategic Management Journal, 28(12): 1213-1233.

Ruigrok W, Peck S I, Keller H, 2006. Board characteristics and involvement in strategic decision making: Evidence from Swiss companies[J]. Journal of management Studies, 43(5): 1201-1226.

Salancik G R, Pfeffer J, 1978. A social information processing approach to job attitudes and task design[J]. Administrative Science Quarterly, 23(2): 224-253.

Schneider S L, 1992. Framing and conflict: Aspiration level contingency, the status quo, and current theories of risky choice[J]. Journal of Experimental Psychology: Learning, Memory, and Cognition, 18(5): 1040.

Schumpeter J A, 2013. Economic theory and entrepreneurial history[M]. Harvard University Press.

Shinkle G A, 2012. Organizational aspirations, reference points, and goals: Building on the past and aiming for the future[J]. Journal of Management, 38(1): 415-455.

Shimizu K, 2007. Prospect theory, behavioral theory, and the threat-rigidity thesis: Combinative effects on organizational decisions to divest formerly acquired units[J]. Academy of Management Journal, 50(6): 1495-1514.

Shivdasani A, Yermack D, 1999. CEO involvement in the selection of new board members: An empirical analysis[J]. The Journal of Finance, 54(5): 1829-1853.

Short J C, Palmer T B, 2003. Organizational performance referents: An empirical examination of their content and influences[J]. Organizational Behavior and Human Decision Processes, 90(2): 209-224.

Siallagan M, Deguchi H, Ichikawa M, 2013. Aspiration-based learning to balance exploration and exploitation in organizational learning[M]. Springer: 17-30.

Simon H A, 1955. A behavioral model of rational choice[J]. The Quarterly Journal of Economics, 69(1): 99-118.

Simon H A, 1964. On the concept of organizational goal[J]. Administrative Science Quarterly, 9(1): 1-22.

Singh J V, 1986. Performance, slack, and risk taking in organizational decision making[J]. Academy of Management Journal, 29(3): 562-585.

Sundaram A K, John T A, John K, 1996. An empirical analysis of strategic competition and firm values the case of R&D competition[J]. Journal of Financial Economics, 40(3): 459-486.

Tan J, 2001. Innovation and risk-taking in a transitional economy: A comparative study of Chinese managers and entrepreneurs[J]. Journal of Business Venturing, 16(4): 359-376.

Tan J, Peng M W, 2003. Organizational slack and firm performance during economic transitions: Two studies from an emerging economy[J]. Strategic Management Journal, 24(13): 1249-1263.

Tarakci M, Ateş N Y, Floyd S W, et al, 2018. Performance feedback and middle managers' divergent strategic behavior: The roles of social comparisons and organizational identification[J]. Strategic Management Journal, 39(4): 1139-1162.

Toh P K, Kim T, 2013. Why put all your eggs in one basket? A competition-based view of how technological uncertainty affects a firm's technological specialization[J]. Organization Science, 24(4): 1214-1236.

Tosi Jr H L, Gomez-Mejia L R, 1989. The decoupling of CEO pay and performance: An agency theory perspective[J]. Administrative Science Quarterly, 34(2): 169-189.

Tuggle C S, Sirmon D G, Reutzel C R, et al, 2010. Commanding board of director attention: Investigating how organizational performance and CEO duality affect board members' attention to monitoring[J]. Strategic Management Journal, 31(9): 946-968.

Vissa B, Greve H R, Chen W R, 2010. Business group affiliation and firm search behavior in India: Responsiveness and focus of attention[J]. Organization science, 21(3): 696-712.

Wiklund J, Shepherd D, 2003. Aspiring for, and achieving growth: The moderating role of resources and opportunities[J]. Journal of Management Studies, 40(8): 1919-1941.

Wiklund J, Shepherd D, 2003. Knowledge-based resources, entrepreneurial orientation, and the performance of small and medium-sized businesses[J]. Strategic Management Journal, 24(13): 1307-1314.

Wiseman R M, Bromiley P, 1996. Toward a model of risk in declining organizations: An empirical examination of risk, performance and decline[J]. Organization Science, 7(5): 524-543.

Wiseman R M, Catanach Jr C, 1997. A longitudinal disaggregation of operational risk under changing regulations: Evidence from the savings and loan industry[J]. Academy of Management Journal, 40(4): 799-830.

Wiseman R M, Gomez-Mejia L R, 1998. A behavioral agency model of managerial risk taking [J]. Academy of Management Review, 23(1): 133-153.

Wright P, Ferris S P, Sarin A, et al, 1996. Impact of corporate insider, blockholder, and institutional equity ownership on firm risk taking[J]. Academy of Management Journal, 39(2): 441-458.

Wright P, Kroll M, Krug J A, et al, 2007. Influences of top management team incentives on firm risk taking[J]. Strategic Management Journal, 28(1): 81-89.

Wooldridge J M, 2002. Econometric analysis of cross section and panel data[M]. The MIT Pres.

Xu D, Zhou K Z, Du F, 2019. Deviant versus aspirational risk taking: The effects of performance feedback on bribery expenditure and R&D intensity[J]. Academy of Management Journal, 62(4): 1226-1251.

Yu W, Minniti M, Nason R, 2019. Underperformance duration and innovative search: Evidence from the high-tech manufacturing industry[J]. Strategic Management Journal, 40(5): 836-861.

Zhang Y, 2006. The presence of a separate COO/president and its impact on strategic change and CEO dismissal[J]. Strategic Management Journal, 27(3): 283-300.

Zhao M, 2006. Conducting R&D in countries with weak intellectual property rights protection [J]. Management science, 52(8): 1185-1199.

Zhou S, Gnyawali D R, Srivastava M K, et al, 2014. How performance and technological strength impact knowledge utilization: a behavioral explanation[J]. Academy of Management Annual Meeting Proceedings, 2014 (1): 12932.

陈昕,谢恩,李瑜,等,2016.国有企业绩效反馈对研发投入的影响研究[J].华东经济管理,30(10):123-130.

陈志军,郑丽,马鹏程,2018.绩效下滑会驱动子公司创新吗[J].南开管理评论,21(05):213-224.

方军雄,2007.所有制、制度环境与信贷资金配置[J].经济研究(12):82-92.

顾乃华,毕斗斗,任旺兵,2006.中国转型期生产性服务业发展与制造业竞争力关系研究——基于面板数据的实证分析[J].中国工业经济(09):14-21.

郭爱芳,陈劲,2013.基于科学/经验的学习对企业创新绩效的影响:环境动态性的调节作用[J].科研管理,34(06):1-8.

何枫,陈荣,何炼成,2004.SFA模型及其在我国技术效率测算中的应用[J].系统工程理论与实践,24(05):46-50.

贺小刚,邓浩,吕斐斐,等,2017.期望落差与企业创新的动态关系——冗余资源与竞争威胁的调节效应分析[J].管理科学学报,20(05):13-34.

贺小刚,连燕玲,吕斐斐,2016.期望差距与企业家的风险决策偏好——基于中国家族上市公司的数据分析[J].管理科学学报,19(08):1-20.

贺小刚,朱丽娜,杨婵,等,2017.经营困境下的企业变革:"穷则思变"假说检验[J].中国工业经济(01):135-154.

蒋春燕,赵曙明,2004.组织冗余与绩效的关系:中国上市公司的时间序列实证研究[J].管理世界(05):108-115.

江诗松,龚丽敏,魏江,2011.转型经济中后发企业的创新能力追赶路径:国有企业和民营企业的双城故事[J].管理世界(12):96-115+188.

李春涛,宋敏,2010.中国制造业企业的创新活动:所有制和CEO激励的作用[J].经济研究,45

(05):55-67.

李新春,2000.企业家过程与国有企业的准企业家模型[J].经济研究(06):51-57.

李溪,郑馨,张建琦,2015.绩效反馈模型的最新研究进展[J].经济管理,37(09):189-199.

李溪,郑馨,张建琦,2018.制造企业的业绩困境会促进创新吗——基于期望落差维度拓展的分析[J].中国工业经济(08):174-192.

梁杰,谢恩,沈灏,2015.绩效反馈、绩效预期与企业战略变化[J].软科学,29(02):72-76.

刘建国,2017.绩效衰退与企业创新行为——基于中国上市公司的实证分析[J].南开管理评论,20(04):140-152.

刘丝雨,吴志岩,许庆瑞,2016.基于绩效反馈机制的组织能力重构研究[J].系统工程理论与实践,36(11):2853-2866.

刘伟,李绍荣,2001.所有制变化与经济增长和要素效率提升[J].经济研究(01):3-9+93.

吕迪伟,蓝海林,陈伟宏,2018.绩效反馈的不一致性与研发强度的关系研究[J].南开管理评论,21(04):50-61.

马文聪,朱桂龙,2011.环境动态性对技术创新和绩效关系的调节作用[J].科学学研究,29(03):454-460.

潘雄锋,刘凤朝,2010.中国区域工业企业技术创新效率变动及其收敛性研究[J].管理评论,22(02):59-64.

沈灏,李垣,2010.联盟关系、环境动态性对创新绩效的影响研究[J].科研管理,31(01):77-85.

王凤彬,陈建勋,2011.动态环境下变革型领导行为对探索式技术创新和组织绩效的影响[J].南开管理评论,14(01):4-16.

王菁,程博,孙元欣,2014.期望绩效反馈效果对企业研发和慈善捐赠行为的影响[J].管理世界(08):115-133.

王永龙,2002.动态复杂性环境中的组织创新研究[J].经济管理(06):8-15.

魏下海,董志强,刘愿,2013.政治关系、制度环境与劳动收入份额——基于全国民营企业调查数据的实证研究[J].管理世界(05):35-46+187.

魏泽龙,弋亚群,李垣,2008.多变环境下动态能力对不同类型创新的影响研究[J].科学学与科学技术管理(05):44-47.

温珂,方新,2003.从模仿中实现跨越——韩国发展对我国的启示[J].科研管理(01):134-139+144.

吴晓波,张超群,窦伟,2011.我国转型经济中技术创新与经济周期关系研究[J].科研管理,32

(01):1-9.

吴延兵,2012.国有企业双重效率损失研究[J].经济研究,47(03):15-27.

西尔特，马奇，李强,2008. 企业行为理论：第 2 版[M]. 北京.中国人民大学出版社.

严若森,叶云龙,江诗松,2016.企业行为理论视角下的家族企业异质性、R&D 投入与企业价值[J].管理学报,13(10):1499-1508.

余明桂,潘红波,2008.政治关系、制度环境与民营企业银行贷款[J].管理世界(08):9-21+39+187.

张庆垒,刘春林,施建军,2014.动荡环境下技术多元化与企业绩效关系[J].管理学报,11(12):1818-1825.

张庆垒,刘春林,施建军,2014.技术多元化与企业绩效关系的实证研究——行业竞争互动的调节作用[J].科学学与科学技术管理,35(09):111-119.

张映红,2008.动态环境对公司创业战略与绩效关系的调节效应研究[J].中国工业经济(01):105-113.

钟竞,陈松,2007.外部环境、创新平衡性与组织绩效的实证研究[J].科学学与科学技术管理(05):67-71.

周黎安,罗凯,2005.企业规模与创新:来自中国省级水平的经验证据[J].经济学(季刊)(02):623-638.

周晓东,项保华,2003.复杂动态环境、动态能力及战略与环境的匹配关系[J].经济管理(20):12-18.